ት is For ትምህርት

Timhirt

meaning

Teaching, Learning & Education is Key:

Amharic Practice

Writing Your Letters Worksheets

Book #1

By: The Lion Of Judah Society

Inspired from <u>ha is for Hallelujah</u> by Tehetena Girma

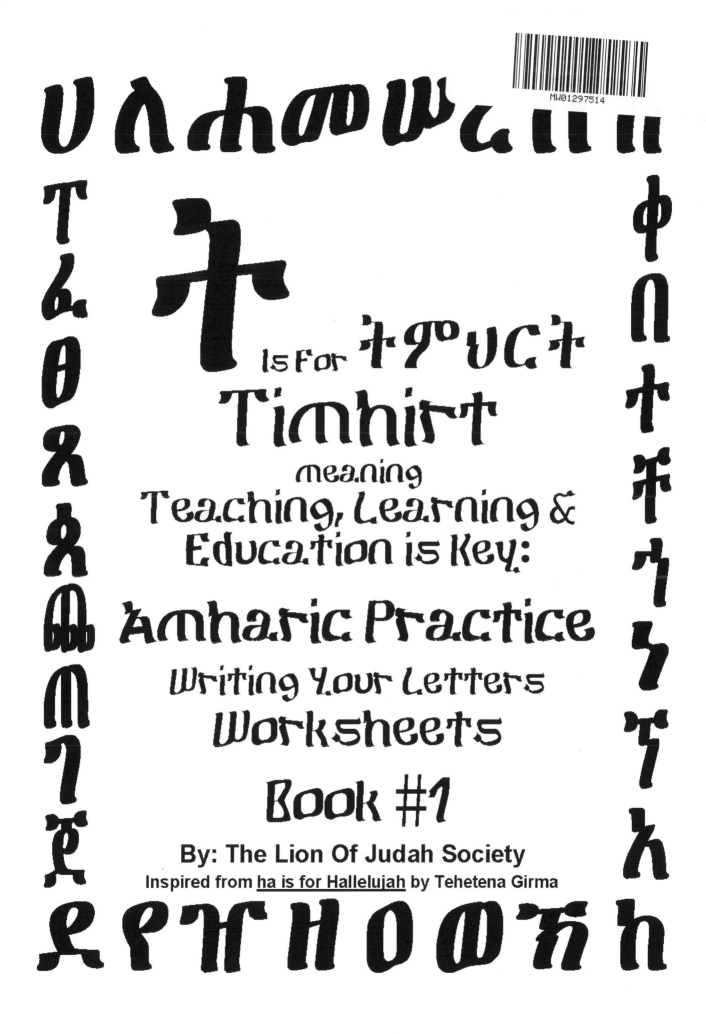

Amharic Writing Practice Book One;

From the "ት is for Timhirt" LOJ Educational Series,

created & designed by Tehetena Girma

©2012 by Lion of Judah Society Publishers & Iyobelyu [Jubilee] Printing Press

The original intent of HIS IMPERIAL MAJESTY, HAILE SELLASSIE FIRST, whose utterances are contained elsewhere, according to the first publication's foreword note, We also herein affirm likewise, *namely that*: **"Any portion of this Book could be reproduced by any process without permission."**

We are a CHURCH OF RASTAFARI, and therefore a noncommercial interest that may reproduces portions of books or entire volumes for *the Education and Fine-Arts* development of Our people, the ETHIOPIAN-HEBREWS at home and abroad. We ask only that, when reproducing text from this book, please include the following credit line: ***"Amharic Writing Practice Book One; "T is for Timhirt" Educational Series, by Tehetena Girma"*** herein printed and published in this edition by the Lion of Judah Society of His Imperial Majesty. Imperial permission granted in advance."

All English-language scripture quotations, unless otherwise noted, are taken from the King James Version of the 1611 A.D. Holy Bible [KJV].

All Amharic-language scripture quotations, unless otherwise noted, are taken the *Emperor's Bible*, the 1961/2 A.D. Authorized H.I.M. HAILE SELLASSIE I Revised Amharic Bible [RAB].

Published by THE LION OF JUDAH SOCIETY, *www.lojsociety.org*

Our mission is to bring good tidings, that publisheth peace; that bringeth good tidings of good, that saith to Zion, Thy God reigneth. – Isaiah 52:7

Printed in the United States of America.

AMHARIC LETTERS

1. ሀ ha
2. ለ le
3. ሐ Ha
4. መ me
5. ሠ se
6. ረ re
7. ሰ se
8. ሸ she
9. ቀ qe
10. በ be
11. ተ te
12. ቸ che
13. ኀ kHa
14. ነ ne
15. ኘ ñe
16. አ A
17. ከ ke
18. ኸ He
19. ወ we
20. ዐ ‘a
21. ዘ ze
22. ዠ zhe
23. የ ye
24. ደ de
25. ጀ je
26. ገ ge
27. ጠ Te
28. ጨ Che
29. ጰ P’e
30. ጸ Ts’e
31. ፀ Tz’e
32. ፈ fe
33. ፐ p’e

GET YOUR 33 DEGREE

♫	a/e	u	ee	a	æ	i	o	♫	a/e	u	ee	a	æ	i	o
1	ሀ	ሁ	ሂ	ሃ	ሄ	ህ	ሆ	18	ኸ	ኹ	ኺ	ኻ	ኼ	ኽ	ኾ
2	ለ	ሉ	ሊ	ላ	ሌ	ል	ሎ	19	ወ	ዉ	ዊ	ዋ	ዌ	ው	ዎ
3	ሐ	ሑ	ሒ	ሓ	ሔ	ሕ	ሖ	20	ዐ	ዑ	ዒ	ዓ	ዔ	ዕ	ዖ
4	መ	ሙ	ሚ	ማ	ሜ	ም	ሞ	21	ዘ	ዙ	ዚ	ዛ	ዜ	ዝ	ዞ
5	ሠ	ሡ	ሢ	ሣ	ሤ	ሥ	ሦ	22	ዠ	ዡ	ዢ	ዣ	ዤ	ዥ	ዦ
6	ረ	ሩ	ሪ	ራ	ሬ	ር	ሮ	23	የ	ዩ	ዪ	ያ	ዬ	ይ	ዮ
7	ሰ	ሱ	ሲ	ሳ	ሴ	ስ	ሶ	24	ደ	ዱ	ዲ	ዳ	ዴ	ድ	ዶ
8	ሸ	ሹ	ሺ	ሻ	ሼ	ሽ	ሾ	25	ጀ	ጁ	ጂ	ጃ	ጄ	ጅ	ጆ
9	ቀ	ቁ	ቂ	ቃ	ቄ	ቅ	ቆ	26	ገ	ጉ	ጊ	ጋ	ጌ	ግ	ጎ
10	በ	ቡ	ቢ	ባ	ቤ	ብ	ቦ	27	ጠ	ጡ	ጢ	ጣ	ጤ	ጥ	ጦ
11	ተ	ቱ	ቲ	ታ	ቴ	ት	ቶ	28	ጨ	ጩ	ጪ	ጫ	ጬ	ጭ	ጮ
12	ቸ	ቹ	ቺ	ቻ	ቼ	ች	ቾ	29	ጸ	ጹ	ጺ	ጻ	ጼ	ጽ	ጾ
13	ኀ	ኁ	ኂ	ኃ	ኄ	ኅ	ኆ	30	ጸ	ጹ	ጺ	ጻ	ጼ	ጽ	ጾ
14	ነ	ኑ	ኒ	ና	ኔ	ን	ኖ	31	ፀ	ፁ	ፂ	ፃ	ፄ	ፅ	ፆ
15	ኘ	ኙ	ኚ	ኛ	ኜ	ኝ	ኞ	32	ፈ	ፉ	ፊ	ፋ	ፌ	ፍ	ፎ
16	አ	ኡ	ኢ	ኣ	ኤ	እ	ኦ	33	ፐ	ፑ	ፒ	ፓ	ፔ	ፕ	ፖ
17	ከ	ኩ	ኪ	ካ	ኬ	ክ	ኮ								

ሀ

ሀ

ሀ

ሀ

ሀ

ሀ

ሀ

ሀ

ሀ

ሀ

ሀ ሁ ሂ ሃ ሄ ህ ሆ

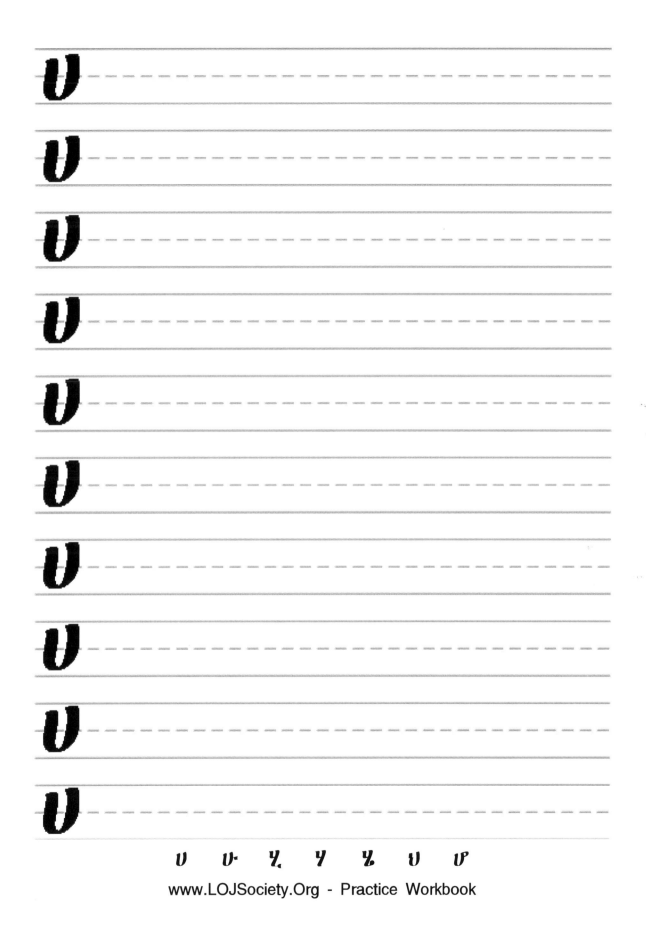

ሁ

ሁ

ሁ

ሁ

ሁ

ሁ

ሁ

ሁ

ሁ

ሁ

ሀ ሁ ሂ ሃ ሄ ህ ሆ

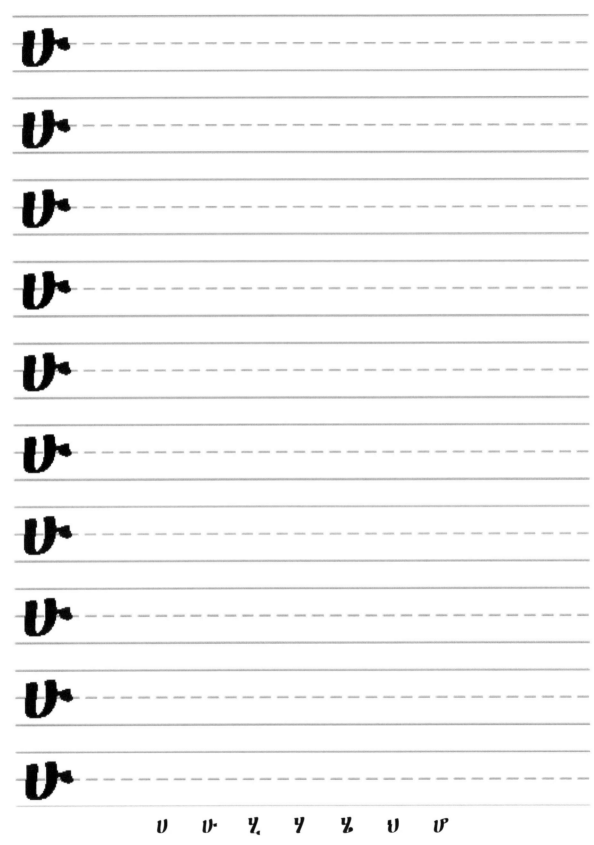

ሂ

ሂ

ሂ

ሂ

ሂ

ሂ

ሂ

ሂ

ሂ

ሂ

ሀ ሁ ሂ ሃ ሄ ህ ሆ

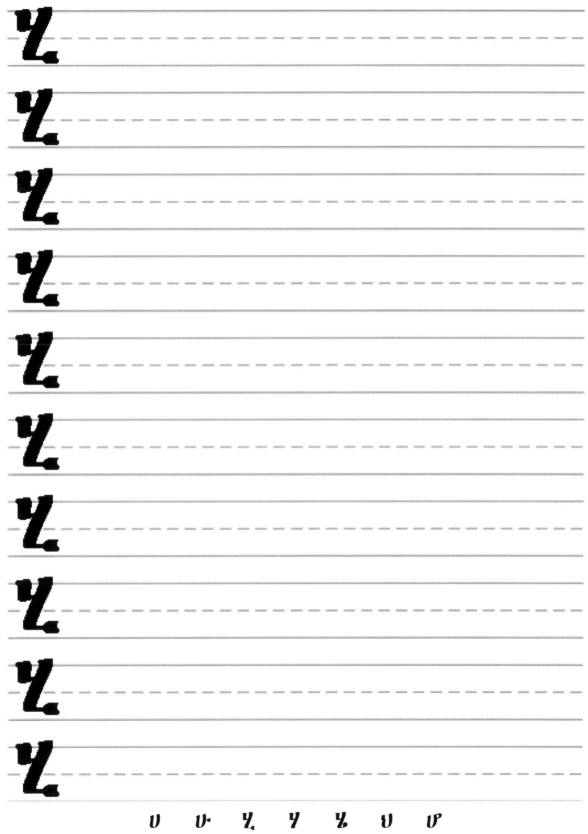

ሃ

ሃ

ሃ

ሃ

ሃ

ሃ

ሃ

ሃ

ሃ

ሃ

ሀ ሁ ሂ ሃ ሄ ህ ሆ

ሄ

ሄ

ሄ

ሄ

ሄ

ሄ

ሄ

ሄ

ሄ

ሄ

ሀ ሁ ሂ ሃ ሄ ህ ሆ

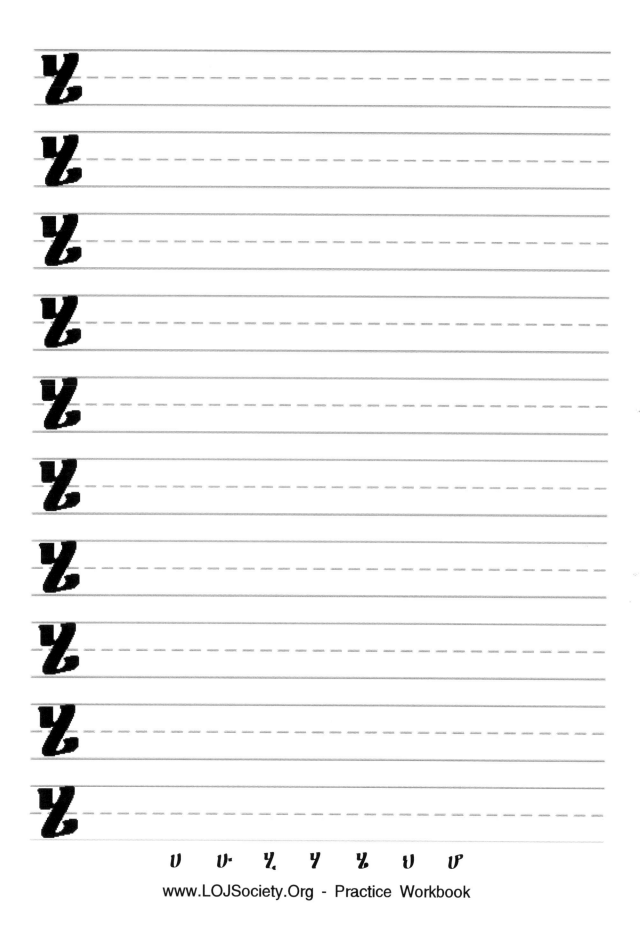

ሀ

ሀ

ሀ

ሀ

ሀ

ሀ

ሀ

ሀ

ሀ

ሀ

ሀ ሁ ሂ ሃ ሄ ህ ሆ

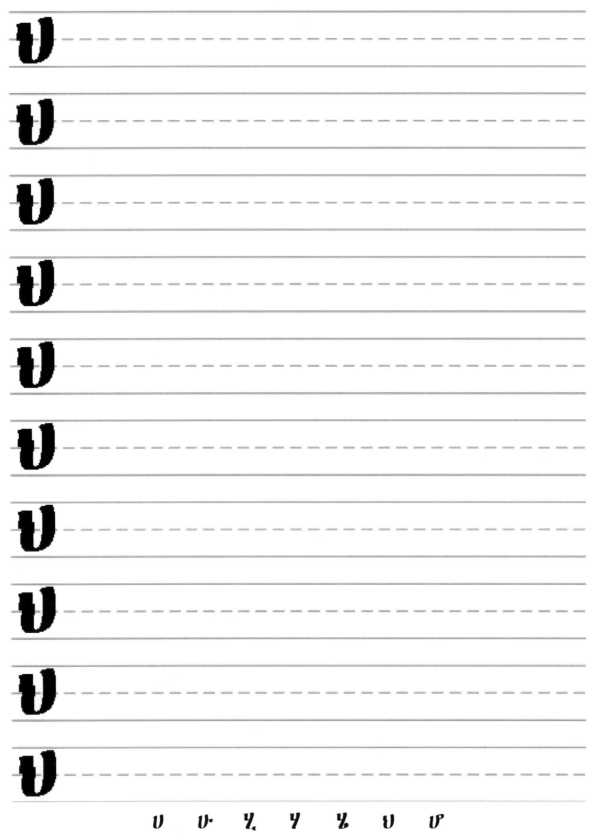

ሦ

ሦ

ሦ

ሦ

ሦ

ሦ

ሦ

ሦ

ሦ

ሦ

ሠ ሡ ሢ ሣ ሤ ሥ ሦ

www.LOJSociety.Org - Practice Workbook

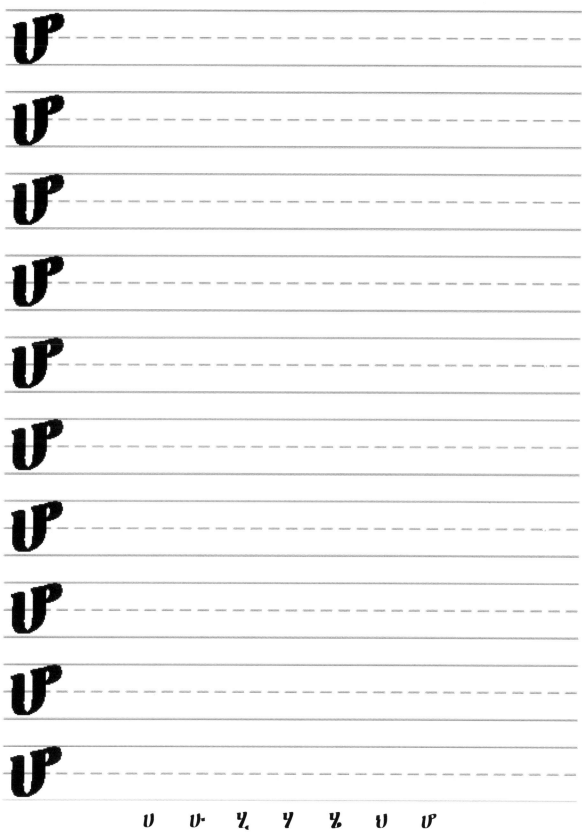

ለ

ለ

ለ

ለ

ለ

ለ

ለ

ለ

ለ

ለ

ለ ሉ ሊ ላ ሌ ል ሎ

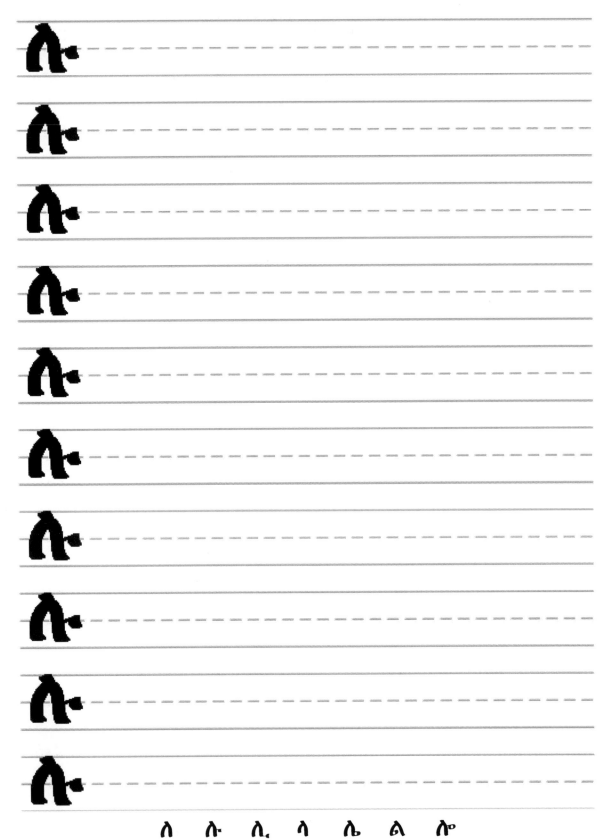

ሉ

ሉ

ሉ

ሉ

ሉ

ሉ

ሉ

ሉ

ሉ

ሉ

ለ ሉ ሊ ላ ሌ ል ሎ

ሊ

ሊ

ሊ

ሊ

ሊ

ሊ

ሊ

ሊ

ሊ

ሊ

ለ ሉ ሊ ላ ሌ ል ሎ

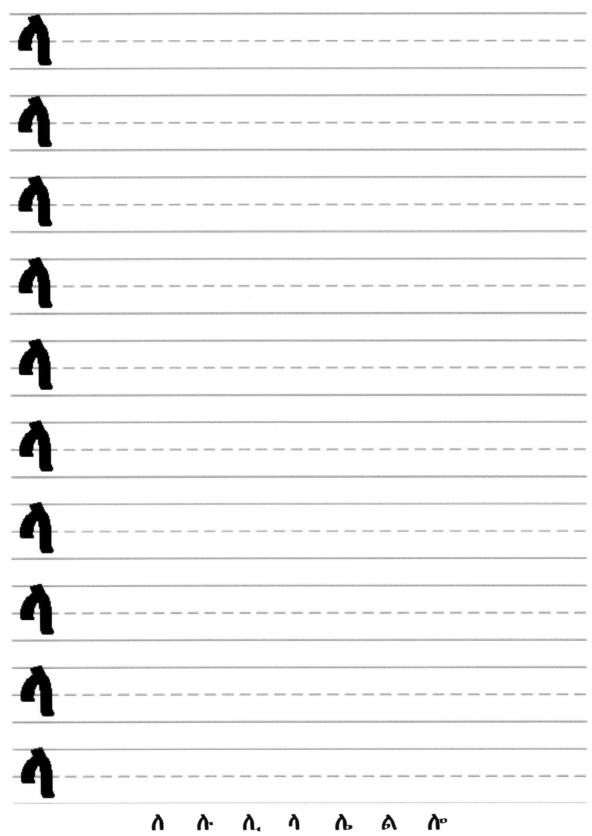

ላ

ላ

ላ

ላ

ላ

ላ

ላ

ላ

ላ

ላ

ለ ሉ ሊ ላ ሌ ል ሎ

ሌ

ሌ

ሌ

ሌ

ሌ

ሌ

ሌ

ሌ

ሌ

ሌ

ለ ሉ ሊ ላ ሌ ል ሎ

www.LOJSociety.Org - Practice Workbook

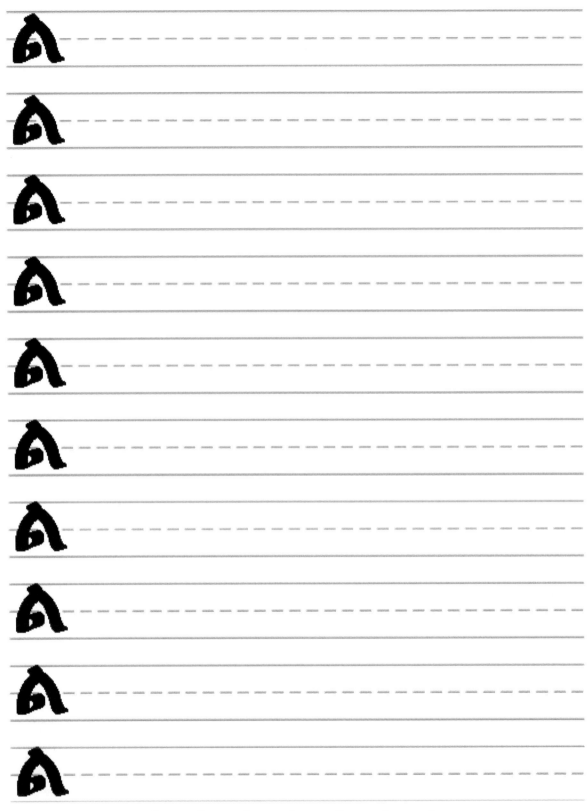

ል

ል

ል

ል

ል

ል

ል

ል

ል

ል

ለ ሉ ሊ ላ ሌ ል ሎ

www.LOJSociety.Org - Practice Workbook

ሎ

ሎ

ሎ

ሎ

ሎ

ሎ

ሎ

ሎ

ሎ

ሎ

ለ ሉ ሊ ላ ሌ ል ሎ

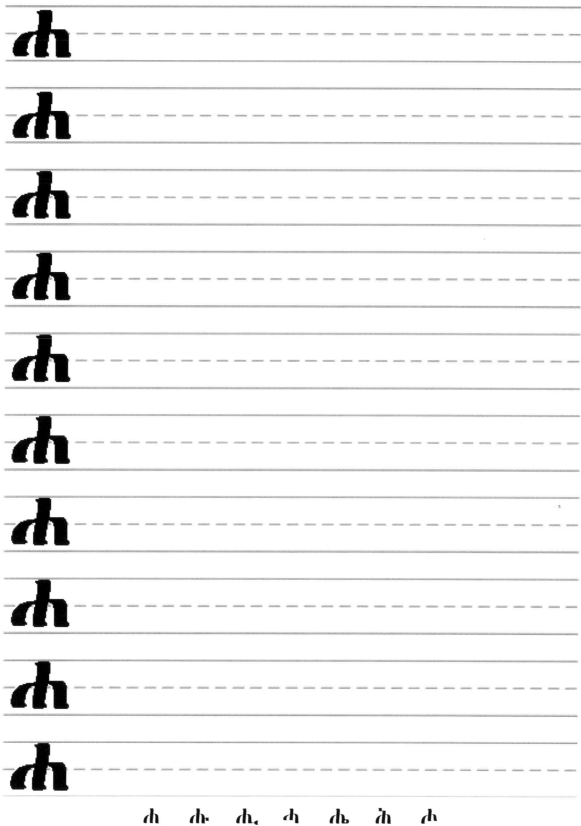

ሐ

ሐ

ሐ

ሐ

ሐ

ሐ

ሐ

ሐ

ሐ

ሐ

ሐ ሑ ሒ ሓ ሔ ሕ ሖ

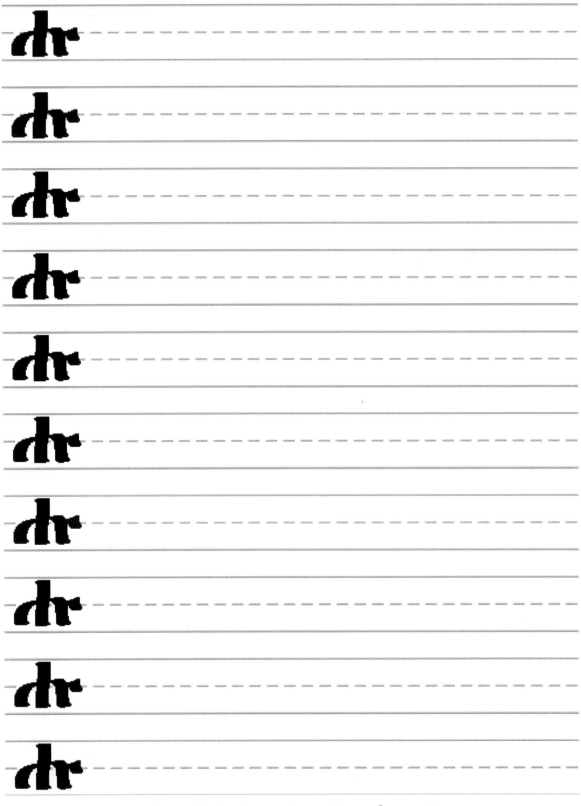

ሑ

ሑ

ሑ

ሑ

ሑ

ሑ

ሑ

ሑ

ሑ

ሑ

ሐ ሑ ሒ ሓ ሔ ሕ ሖ

www.LOJSociety.Org - Practice Workbook

ሒ

ሒ

ሒ

ሒ

ሒ

ሒ

ሒ

ሒ

ሒ

ሒ

ሐ ሑ ሒ ሓ ሔ ሕ ሖ

www.LOJSociety.Org - Practice Workbook

ሓ

ሓ

ሓ

ሓ

ሓ

ሓ

ሓ

ሓ

ሓ

ሓ

ሐ ሑ ሒ ሓ ሔ ሕ ሖ

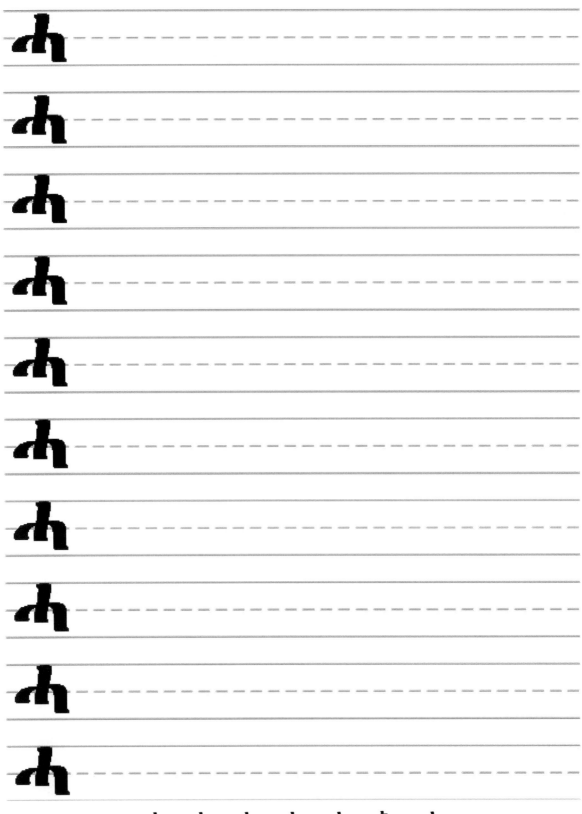

ሔ

ሔ

ሔ

ሔ

ሔ

ሔ

ሔ

ሔ

ሔ

ሔ

ሐ ሑ ሒ ሓ ሔ ሕ ሖ

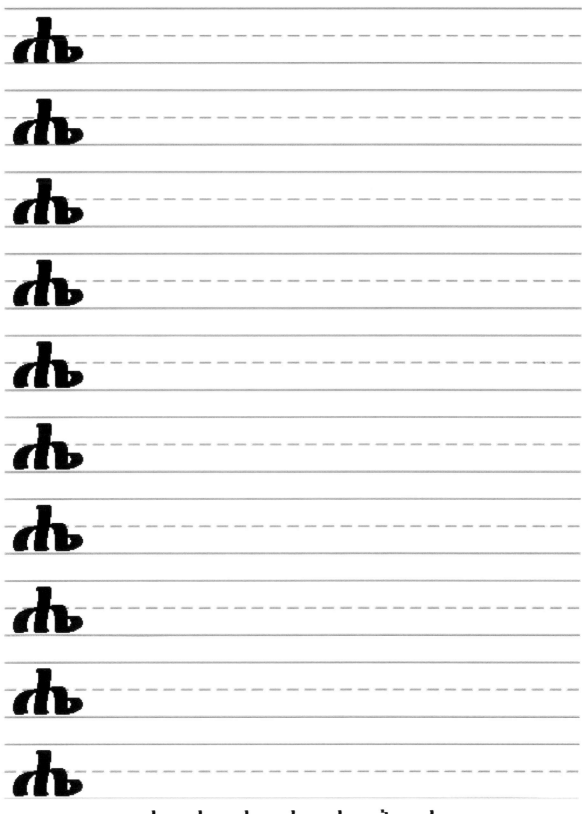

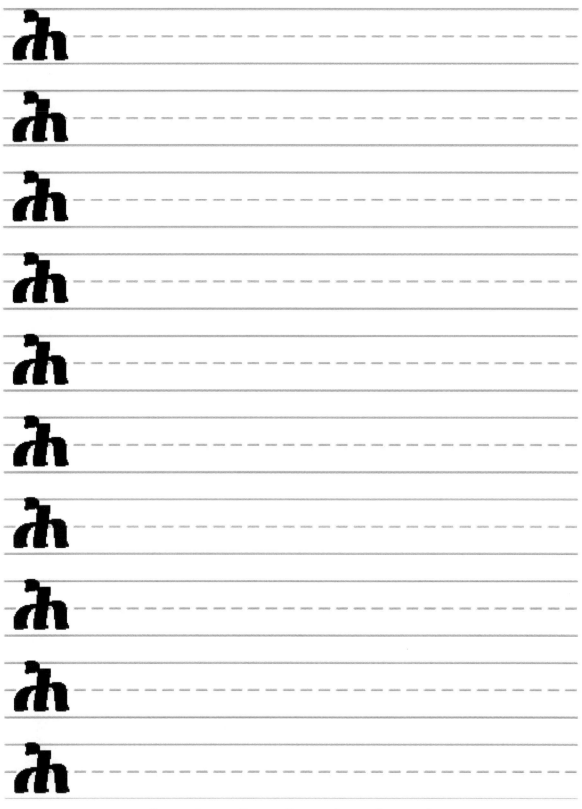

ሕ

ሕ

ሕ

ሕ

ሕ

ሕ

ሕ

ሕ

ሕ

ሕ

ሐ ሑ ሒ ሓ ሔ ሕ ሖ

ሐ ሐ ሐ ሐ ሐ ሐ ሐ ሐ ሐ ሐ

ሐ ሑ ሒ ሓ ሔ ሕ ሖ

መ

መ

መ

መ

መ

መ

መ

መ

መ

መ

መ ሙ ሚ ማ ሜ ም ሞ

ሙ

ሙ

ሙ

ሙ

ሙ

ሙ

ሙ

ሙ

ሙ

ሙ

መ ሙ ሚ ማ ሜ ም ሞ

ሚ
ሚ
ሚ
ሚ
ሚ
ሚ
ሚ
ሚ
ሚ
ሚ

መ ሙ ሚ ማ ሜ ም ሞ

www.LOJSociety.Org - Practice Workbook

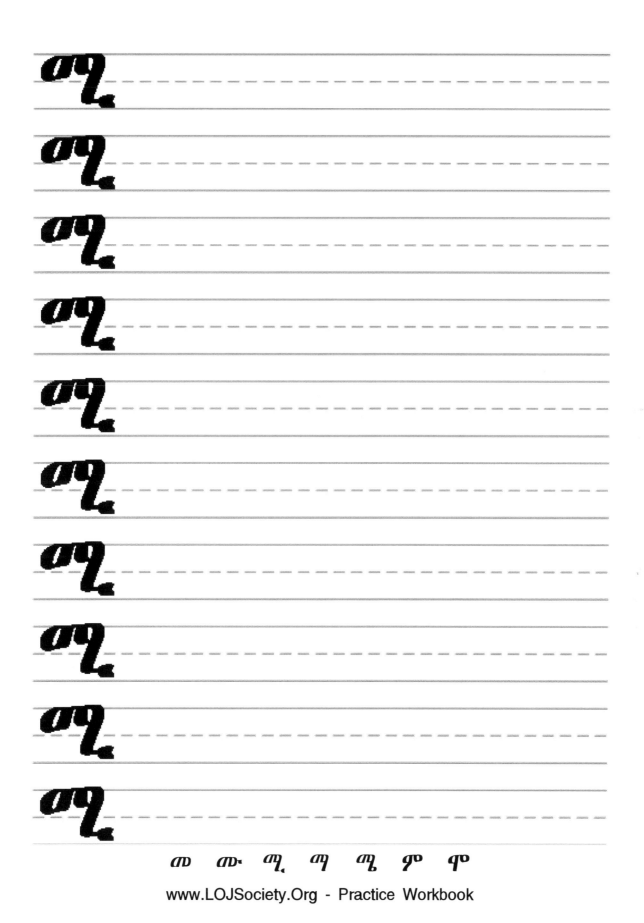

ማ
ማ
ማ
ማ
ማ
ማ
ማ
ማ
ማ
ማ

መ ሙ ሚ ማ ሜ ም ሞ

ሜ

ሜ

ሜ

ሜ

ሜ

ሜ

ሜ

ሜ

ሜ

ሜ

መ ሙ ሚ ማ ሜ ም ሞ

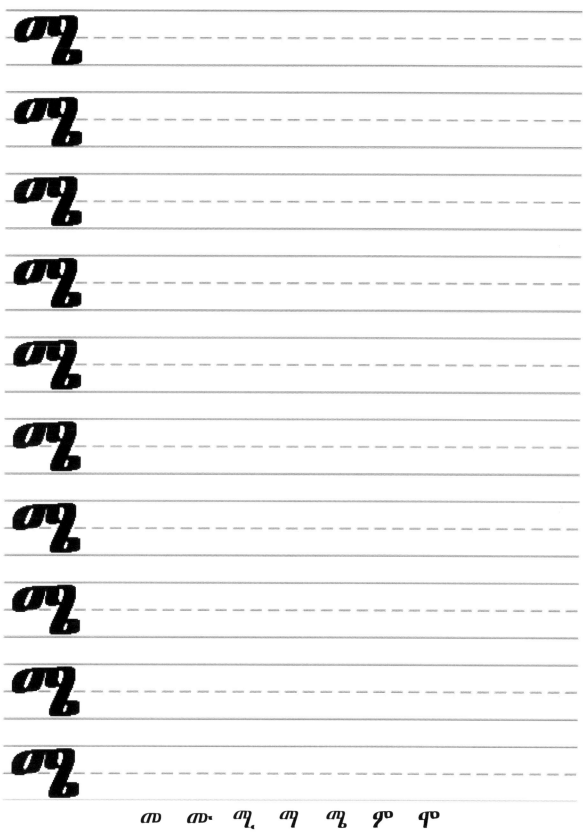

ም

ም

ም

ም

ም

ም

ም

ም

ም

ም

መ ሙ ሚ ማ ሜ ም ሞ

www.LOJSociety.Org - Practice Workbook

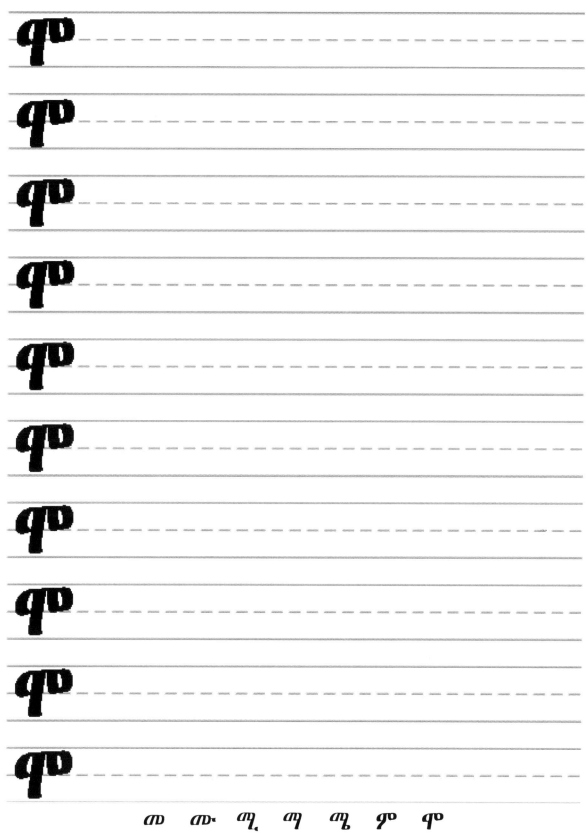

ሞ

ሞ

ሞ

ሞ

ሞ

ሞ

ሞ

ሞ

ሞ

ሞ

መ ሙ ሚ ማ ሜ ም ሞ

www.LOJSociety.Org - Practice Workbook

www.LOJSociety.Org - Practice Workbook

ሠ ሠ ሠ ሠ ሠ ሠ ሠ ሠ ሠ ሠ

ሠ ሡ ሢ ሣ ሤ ሥ ሦ

ሡ

ሡ

ሡ

ሡ

ሡ

ሡ

ሡ

ሡ

ሡ

ሡ

ሠ ሡ ሢ ሣ ሤ ሥ ሦ

ሢ

ሢ

ሢ

ሢ

ሢ

ሢ

ሢ

ሢ

ሢ

ሢ

ሠ ሡ ሢ ሣ ሤ ሥ ሦ

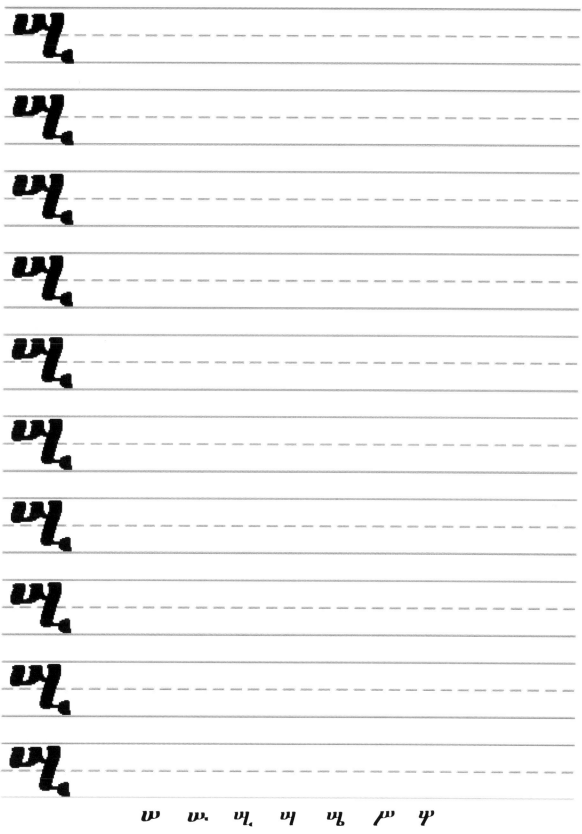

ሣ

ሣ

ሣ

ሣ

ሣ

ሣ

ሣ

ሣ

ሣ

ሣ

ሠ ሡ ሢ ሣ ሤ ሥ ሦ

ሠ   ሡ   ሢ   ሣ   ሤ   ሥ   ሦ

ሦ

ሦ

ሦ

ሦ

ሦ

ሦ

ሦ

ሦ

ሦ

ሦ

ሠ ሡ ሢ ሣ ሤ ሥ ሦ

www.LOJSociety.Org - Practice Workbook

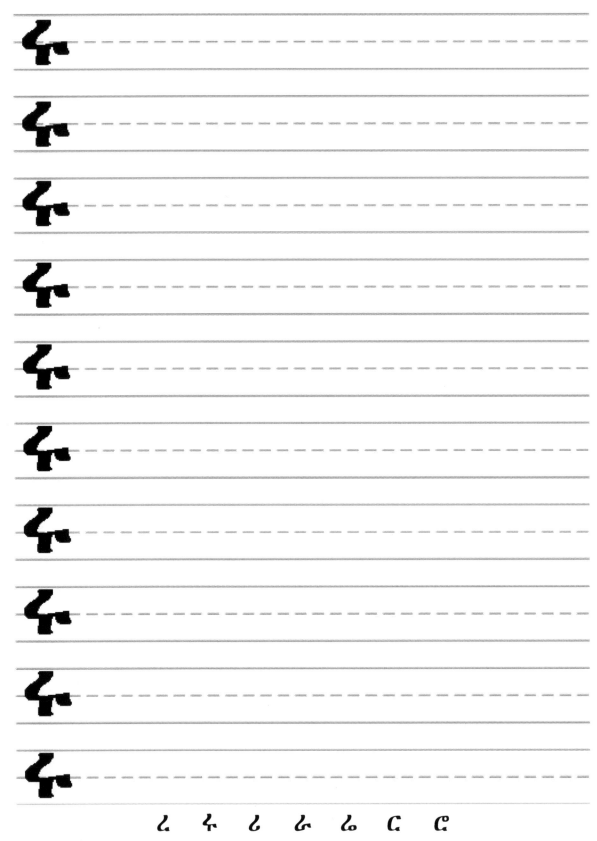

ሩ

ሩ

ሩ

ሩ

ሩ

ሩ

ሩ

ሩ

ሩ

ሩ

ረ ሩ ሪ ራ ሬ ር ሮ

www.LOJSociety.Org - Practice Workbook

ሪ

ሪ

ሪ

ሪ

ሪ

ሪ

ሪ

ሪ

ሪ

ሪ

ረ ሩ ሪ ራ ሬ ር ሮ

www.LOJSociety.Org - Practice Workbook

ራ

ራ

ራ

ራ

ራ

ራ

ራ

ራ

ራ

ራ

ረ ሩ ሪ ራ ሬ ር ሮ

www.LOJSociety.Org - Practice Workbook

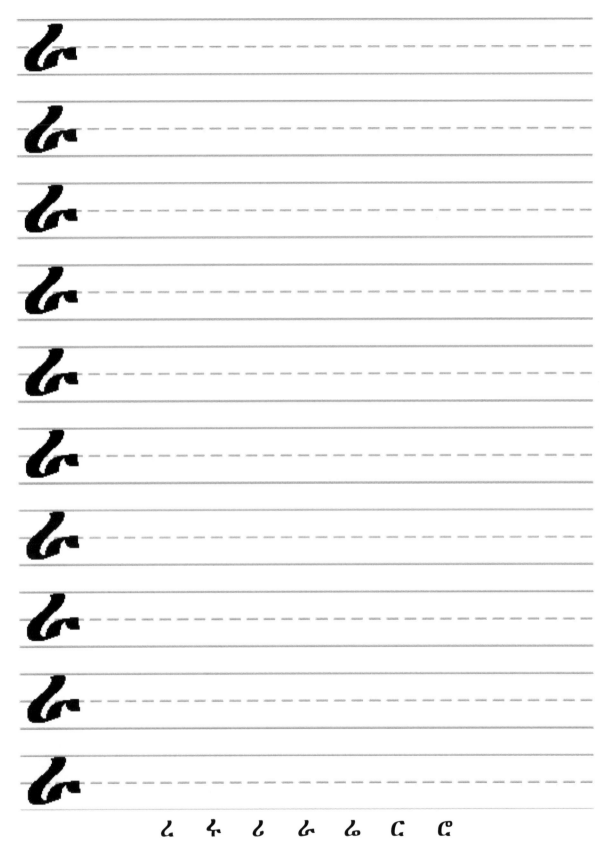

ሬ

ሬ

ሬ

ሬ

ሬ

ሬ

ሬ

ሬ

ሬ

ሬ

ረ ሩ ሪ ራ ሬ ር ሮ

www.LOJSociety.Org - Practice Workbook

ር

ር

ር

ር

ር

ር

ር

ር

ር

ር

ረ ሩ ሪ ራ ሬ ር ሮ

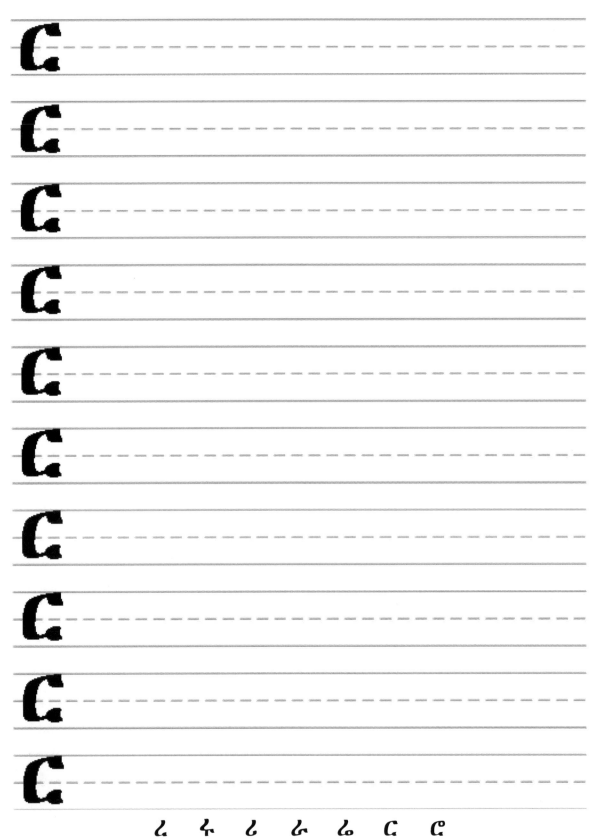

ሮ

ሮ

ሮ

ሮ

ሮ

ሮ

ሮ

ሮ

ሮ

ሮ

ረ ሩ ሪ ራ ሬ ር ሮ

www.LOJSociety.Org - Practice Workbook

ሰ

ሰ

ሰ

ሰ

ሰ

ሰ

ሰ

ሰ

ሰ

ሰ

ሰ ሱ ሲ ሳ ሴ ስ ሶ

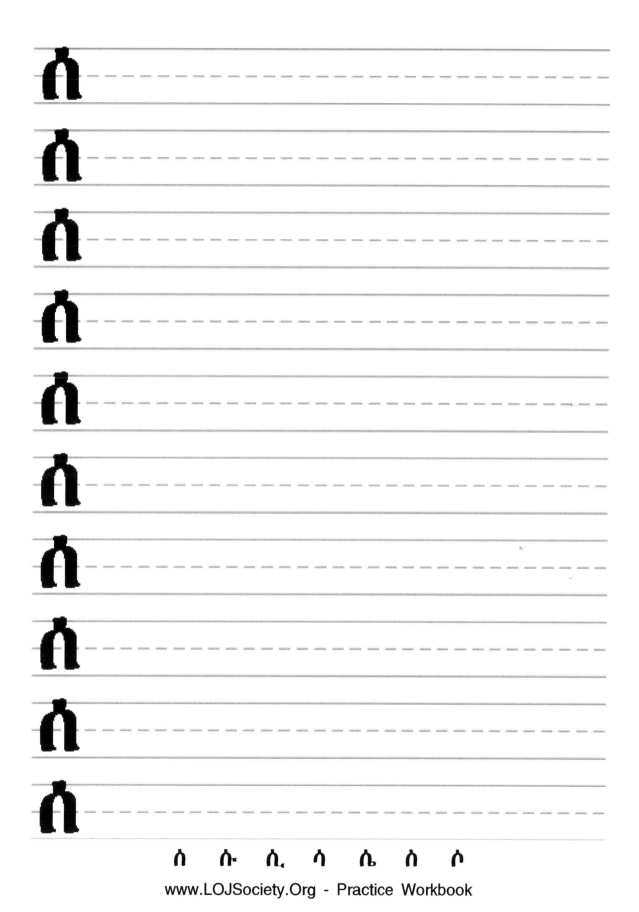

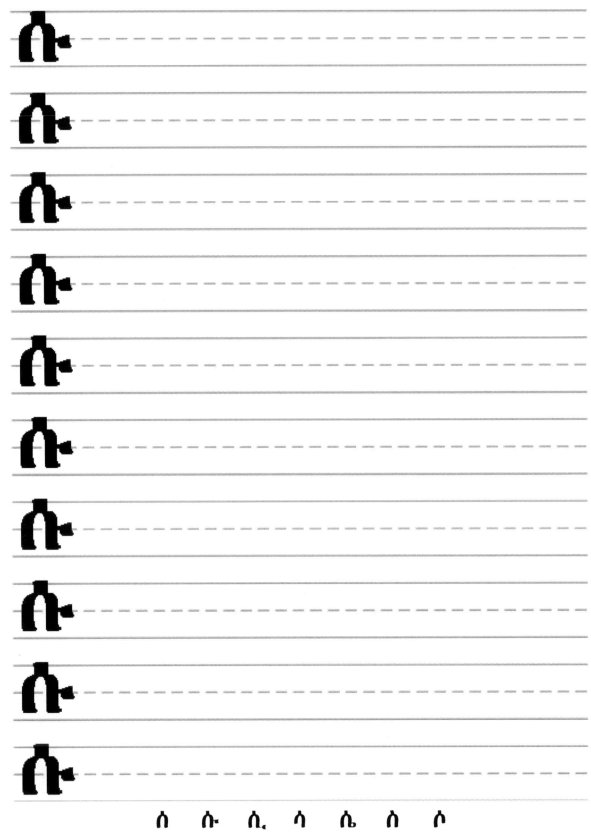

ሱ

ሱ

ሱ

ሱ

ሱ

ሱ

ሱ

ሱ

ሱ

ሱ

ሰ ሱ ሲ ሳ ሴ ስ ሶ

ሲ

ሲ

ሲ

ሲ

ሲ

ሲ

ሲ

ሲ

ሲ

ሲ

ሰ ሱ ሲ ሳ ሴ ስ ሶ

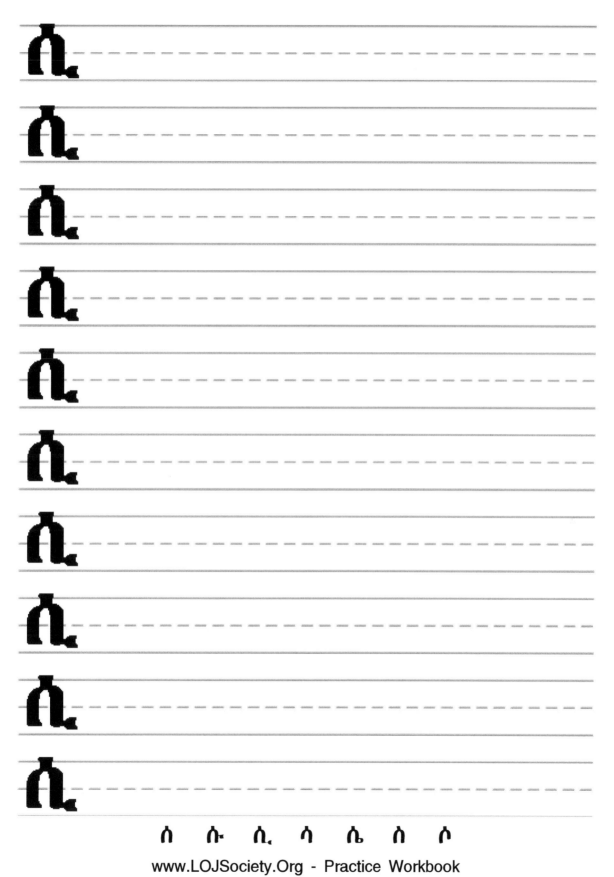

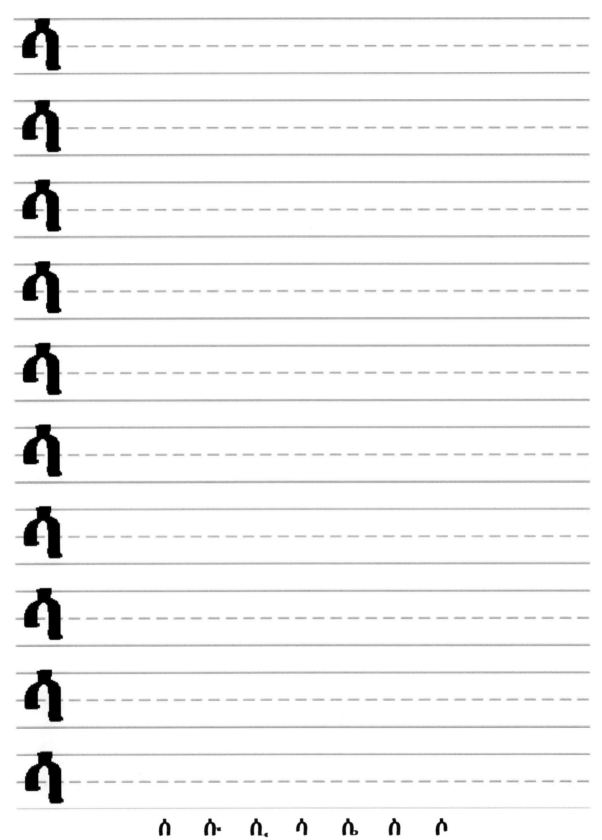

ሳ

ሳ

ሳ

ሳ

ሳ

ሳ

ሳ

ሳ

ሳ

ሳ

ሰ ሱ ሲ ሳ ሴ ስ ሶ

www.LOJSociety.Org - Practice Workbook

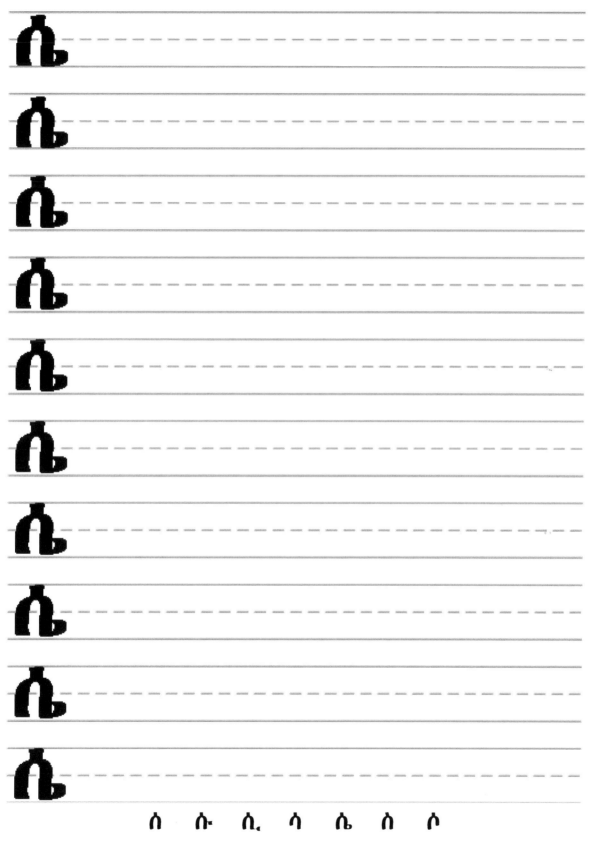

ሴ

ሴ

ሴ

ሴ

ሴ

ሴ

ሴ

ሴ

ሴ

ሴ

ሰ ሱ ሲ ሳ ሴ ስ ሶ

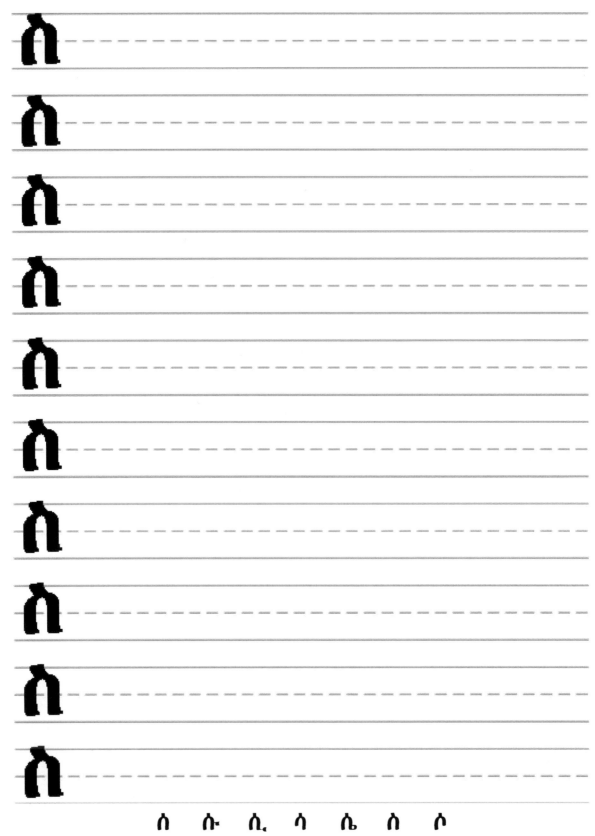

ስ

ስ

ስ

ስ

ስ

ስ

ስ

ስ

ስ

ስ

ሰ ሱ ሲ ሳ ሴ ስ ሶ

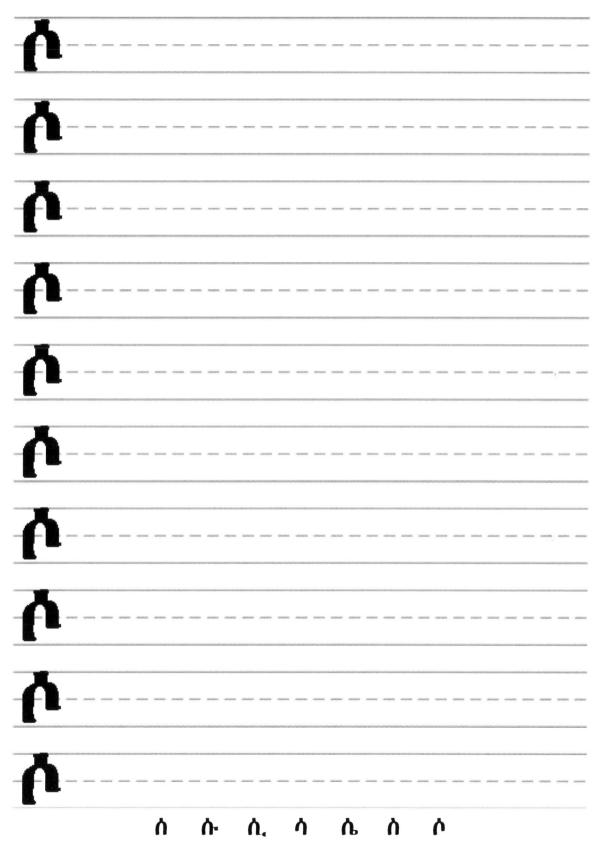

ሶ

ሶ

ሶ

ሶ

ሶ

ሶ

ሶ

ሶ

ሶ

ሶ

ሰ ሱ ሲ ሳ ሴ ስ ሶ

ሸ

ሸ

ሸ

ሸ

ሸ

ሸ

ሸ

ሸ

ሸ

ሸ

ሸ ሹ ሺ ሻ ሼ ሽ ሾ

ሹ

ሹ

ሹ

ሹ

ሹ

ሹ

ሹ

ሹ

ሹ

ሹ

ሸ ሹ ሺ ሻ ሼ ሽ ሾ

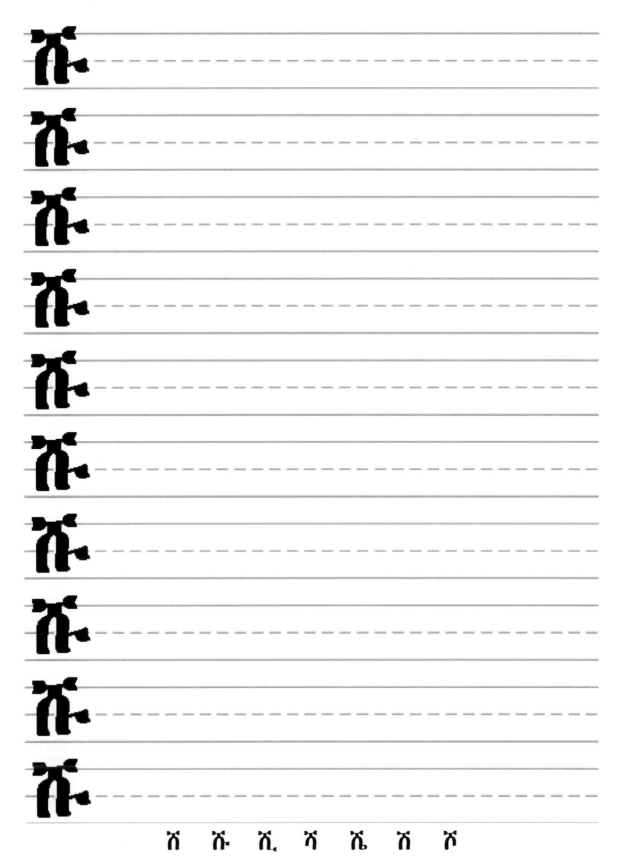

ሺ

ሺ

ሺ

ሺ

ሺ

ሺ

ሺ

ሺ

ሺ

ሺ

ሸ ሹ ሺ ሻ ሼ ሽ ሾ

ሻ

ሻ

ሻ

ሻ

ሻ

ሻ

ሻ

ሻ

ሻ

ሻ

ሸ ሹ ሺ ሻ ሼ ሸ ሾ

www.LOJSociety.Org - Practice Workbook

ሼ
ሼ
ሼ
ሼ
ሼ
ሼ
ሼ
ሼ
ሼ
ሼ

ሸ ሹ ሺ ሻ ሼ ሽ ሾ

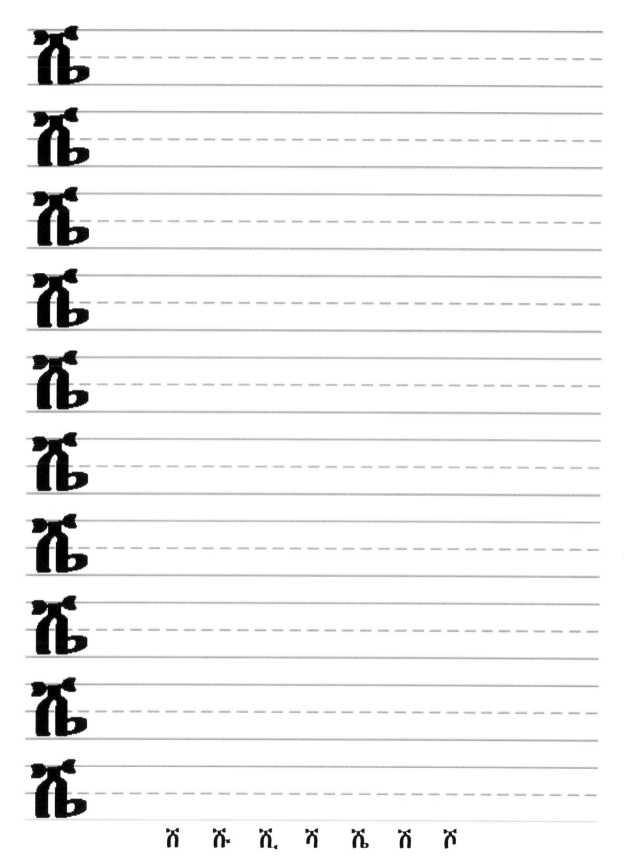

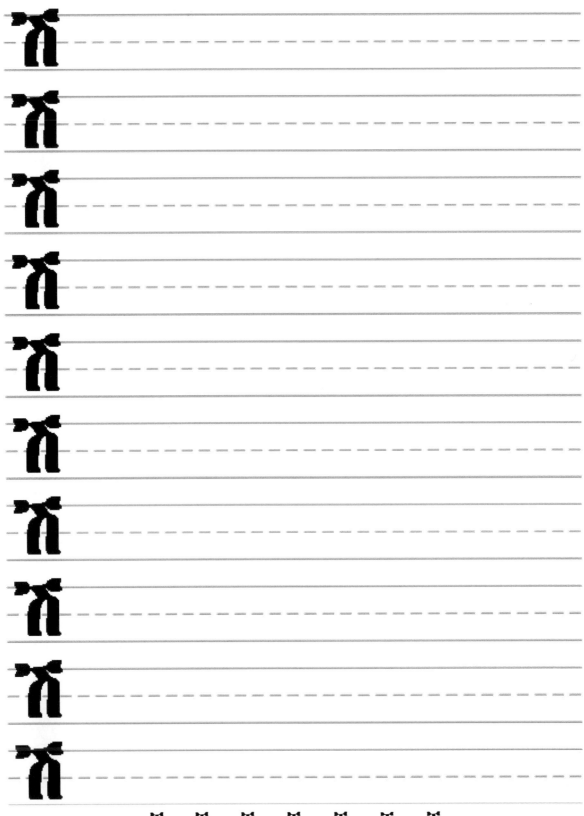

ሸ

ሸ

ሸ

ሸ

ሸ

ሸ

ሸ

ሸ

ሸ

ሸ

ሸ ሹ ሺ ሻ ሼ ሽ ሾ

ሾ

ሾ

ሾ

ሾ

ሾ

ሾ

ሾ

ሾ

ሾ

ሾ

ሸ ሹ ሺ ሻ ሼ ሽ ሾ

www.LOJSociety.Org - Practice Workbook

ቀ

ቀ

ቀ

ቀ

ቀ

ቀ

ቀ

ቀ

ቀ

ቀ

ቀ ቁ ቂ ቃ ቄ ቅ ቆ

www.LOJSociety.Org - Practice Workbook

ቁ

ቁ

ቁ

ቁ

ቁ

ቁ

ቁ

ቁ

ቁ

ቁ

ቀ ቁ ቂ ቃ ቄ ቅ ቆ

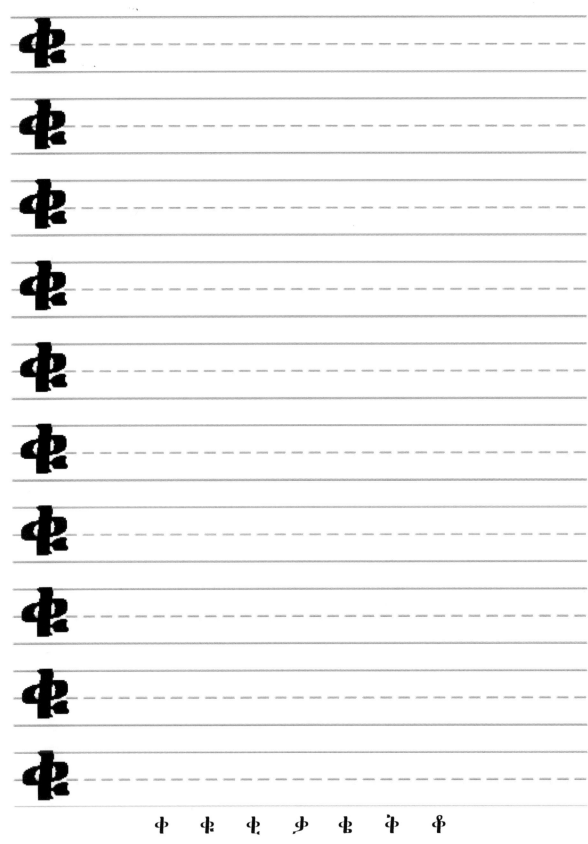

ቂ

ቂ

ቂ

ቂ

ቂ

ቂ

ቂ

ቂ

ቂ

ቂ

ቀ ቁ ቂ ቃ ቄ ቅ ቆ

www.LOJSociety.Org - Practice Workbook

ቃ

ቃ

ቃ

ቃ

ቃ

ቃ

ቃ

ቃ

ቃ

ቃ

ቀ ቁ ቂ ቃ ቄ ቅ ቆ

ቄ

ቄ

ቄ

ቄ

ቄ

ቄ

ቄ

ቄ

ቄ

ቄ

ቀ ቁ ቂ ቃ ቄ ቅ ቆ

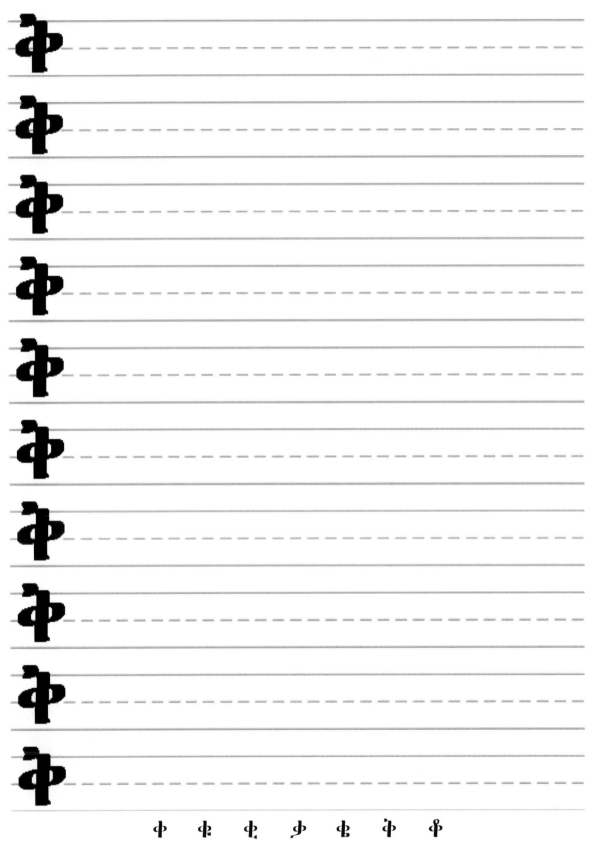

ቅ

ቅ

ቅ

ቅ

ቅ

ቅ

ቅ

ቅ

ቅ

ቅ

ቀ ቁ ቂ ቃ ቄ ቅ ቆ

www.LOJSociety.Org - Practice Workbook

ቆ

ቆ

ቆ

ቆ

ቆ

ቆ

ቆ

ቆ

ቆ

ቆ

ቀ ቁ ቂ ቃ ቄ ቅ ቆ

www.LOJSociety.Org - Practice Workbook

በ

በ

በ

በ

በ

በ

በ

በ

በ

በ

በ ቡ ቢ ባ ቤ ብ ቦ

ቡ

ቡ

ቡ

ቡ

ቡ

ቡ

ቡ

ቡ

ቡ

ቡ

በ ቡ ቢ ባ ቤ ብ ቦ

www.LOJSociety.Org - Practice Workbook

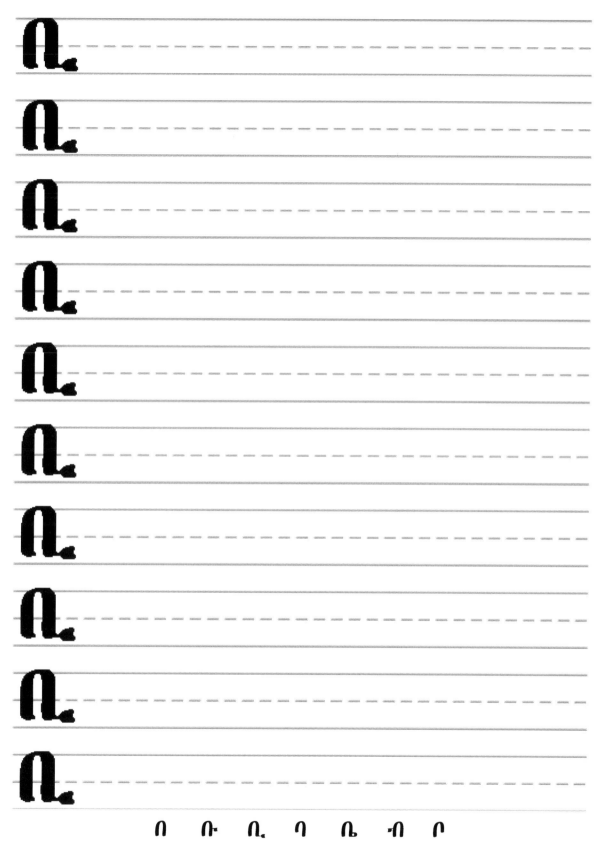

ቢ

ቢ

ቢ

ቢ

ቢ

ቢ

ቢ

ቢ

ቢ

ቢ

በ ቡ ቢ ባ ቤ ብ ቦ

www.LOJSociety.Org - Practice Workbook

ባ

ባ

ባ

ባ

ባ

ባ

ባ

ባ

ባ

ባ

በ ቡ ቢ ባ ቤ ብ ቦ

www.LOJSociety.Org - Practice Workbook

ቤ

ቤ

ቤ

ቤ

ቤ

ቤ

ቤ

ቤ

ቤ

ቤ

በ ቡ ቢ ባ ቤ ብ ቦ

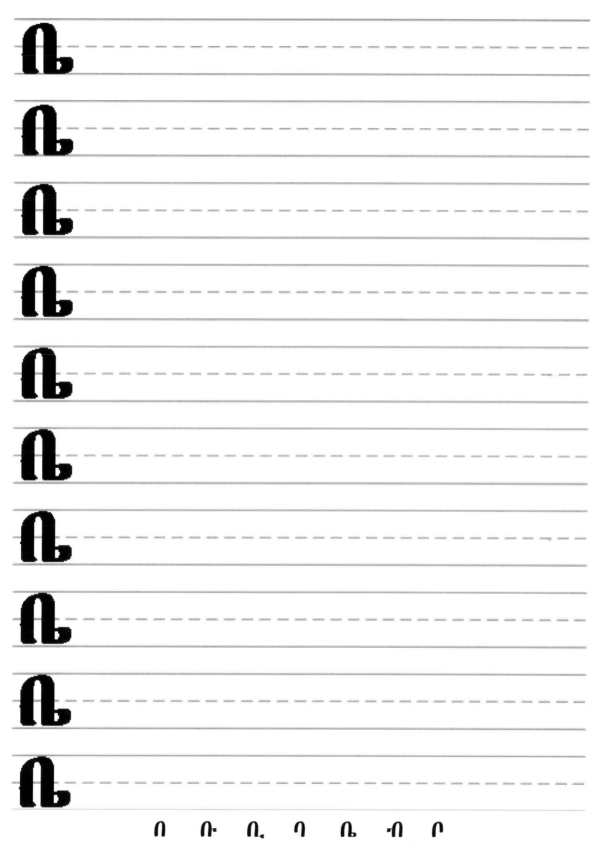

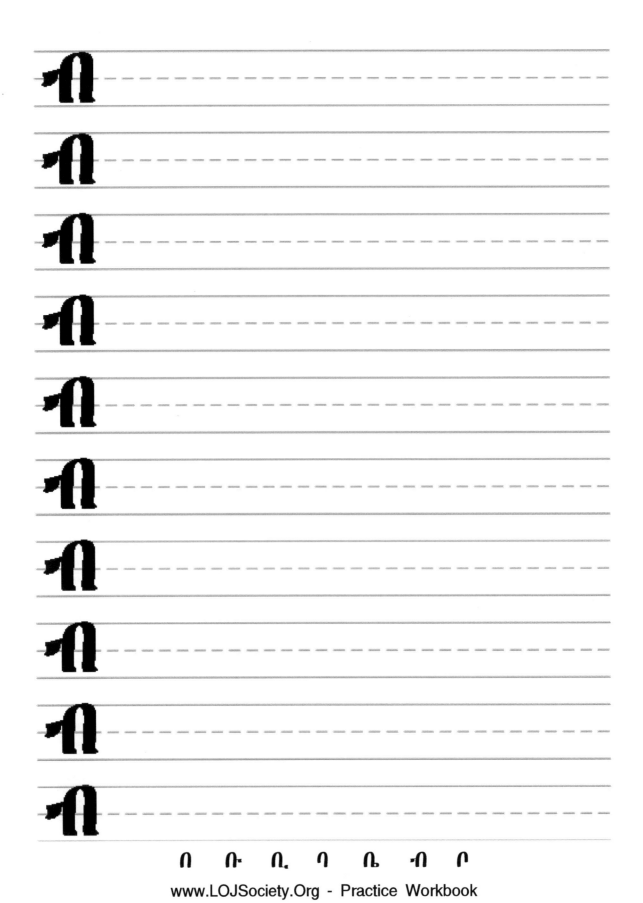

ብ

ብ

ብ

ብ

ብ

ብ

ብ

ብ

ብ

ብ

በ ቡ ቢ ባ ቤ ብ ቦ

www.LOJSociety.Org - Practice Workbook

ቦ

ቦ

ቦ

ቦ

ቦ

ቦ

ቦ

ቦ

ቦ

ቦ

በ ቡ ቢ ባ ቤ ብ ቦ

ቱ

ቱ

ቱ

ቱ

ቱ

ቱ

ቱ

ቱ

ቱ

ቱ

ተ ቱ ቲ ታ ቴ ት ቶ

www.LOJSociety.Org - Practice Workbook

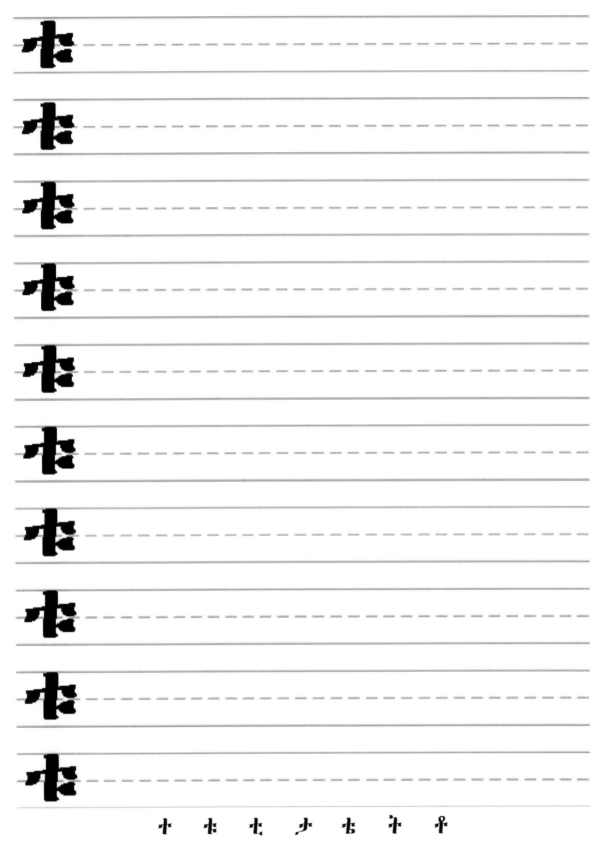

www.LOJSociety.Org - Practice Workbook

ታ

ታ

ታ

ታ

ታ

ታ

ታ

ታ

ታ

ታ

ተ ቱ ቲ ታ ቴ ት ቶ

www.LOJSociety.Org - Practice Workbook

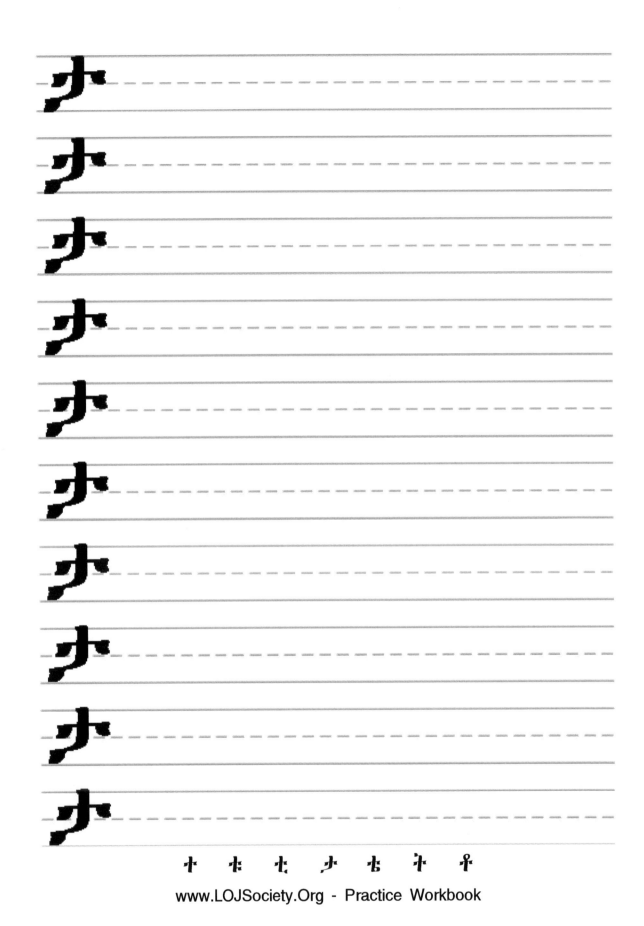

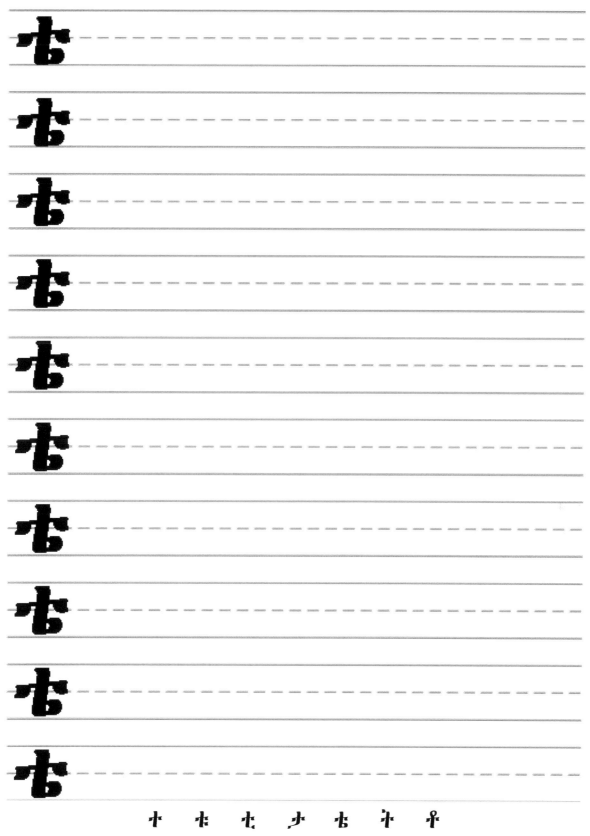

ቴ

ቴ

ቴ

ቴ

ቴ

ቴ

ቴ

ቴ

ቴ

ቴ

ተ ቱ ቲ ታ ቴ ት ቶ

ት

ት

ት

ት

ት

ት

ት

ት

ት

ት

ተ ቱ ቲ ታ ቴ ት ቶ

www.LOJSociety.Org - Practice Workbook

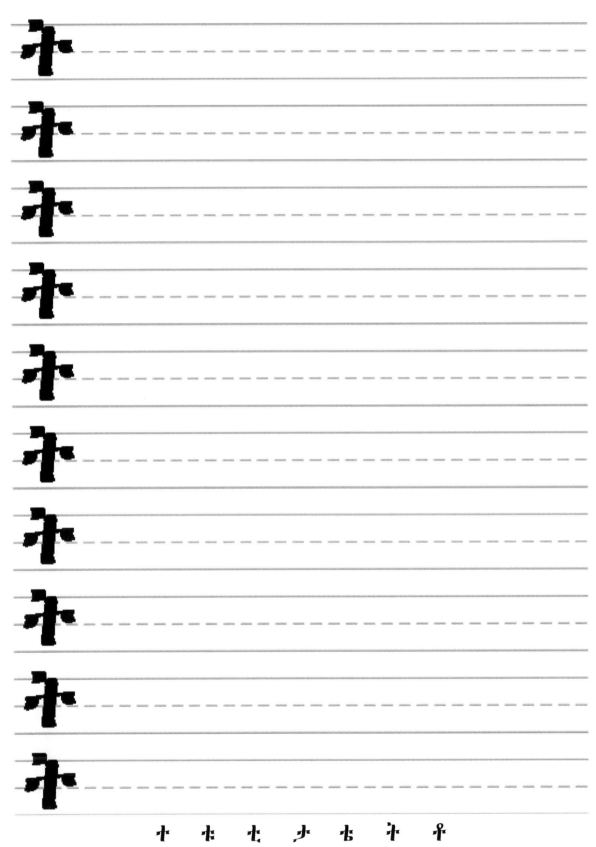

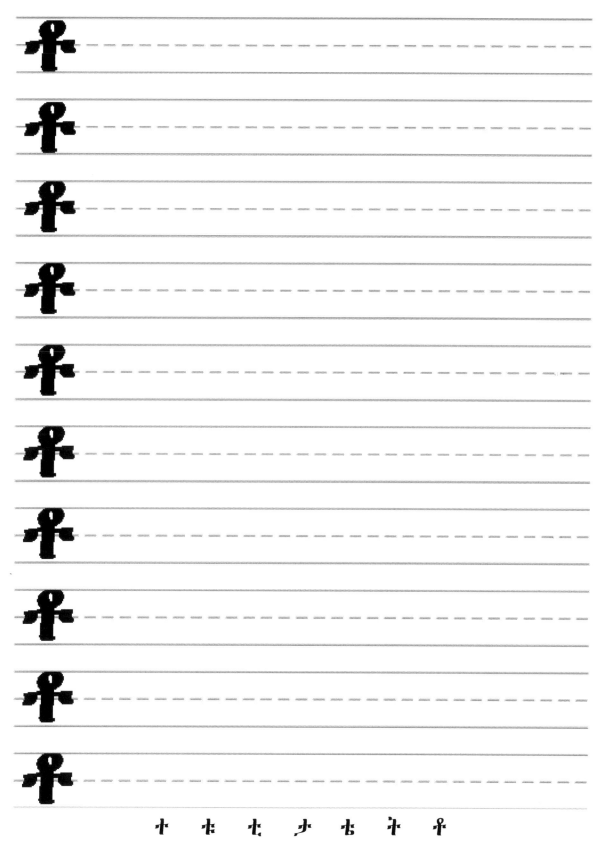

ቶ

ቶ

ቶ

ቶ

ቶ

ቶ

ቶ

ቶ

ቶ

ቶ

ተ ቱ ቲ ታ ቴ ት ቶ

www.LOJSociety.Org - Practice Workbook

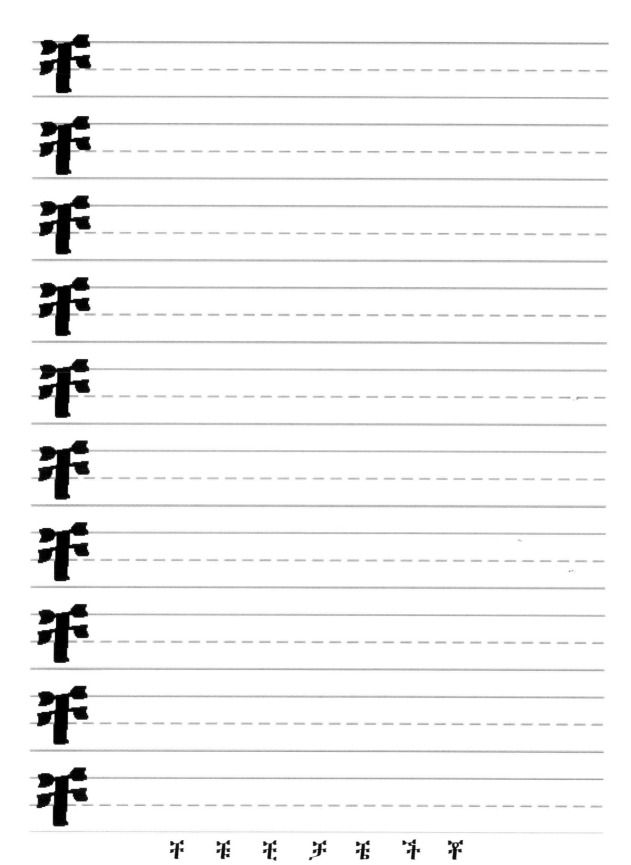

ቿ

ቿ

ቿ

ቿ

ቿ

ቿ

ቿ

ቿ

ቿ

ቿ

ቸ ቹ ቺ ቻ ቼ ች ቾ

www.LOJSociety.Org - Practice Workbook

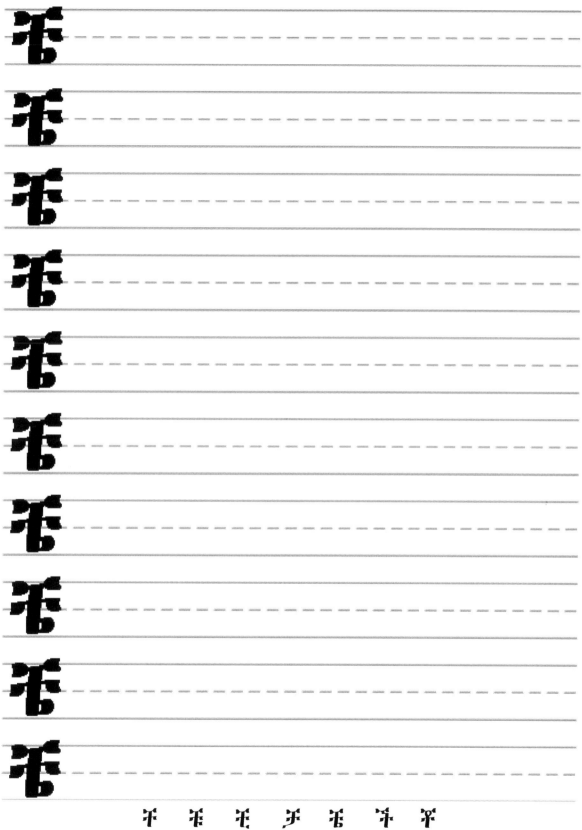

ቼ

ቼ

ቼ

ቼ

ቼ

ቼ

ቼ

ቼ

ቼ

ቼ

ቸ ቹ ቺ ቻ ቼ ች ቾ

www.LOJSociety.Org - Practice Workbook

ቸ

ቸ

ቸ

ቸ

ቸ

ቸ

ቸ

ቸ

ቸ

ቸ

ቸ ቹ ቺ ቻ ቼ ች ቾ

www.LOJSociety.Org - Practice Workbook

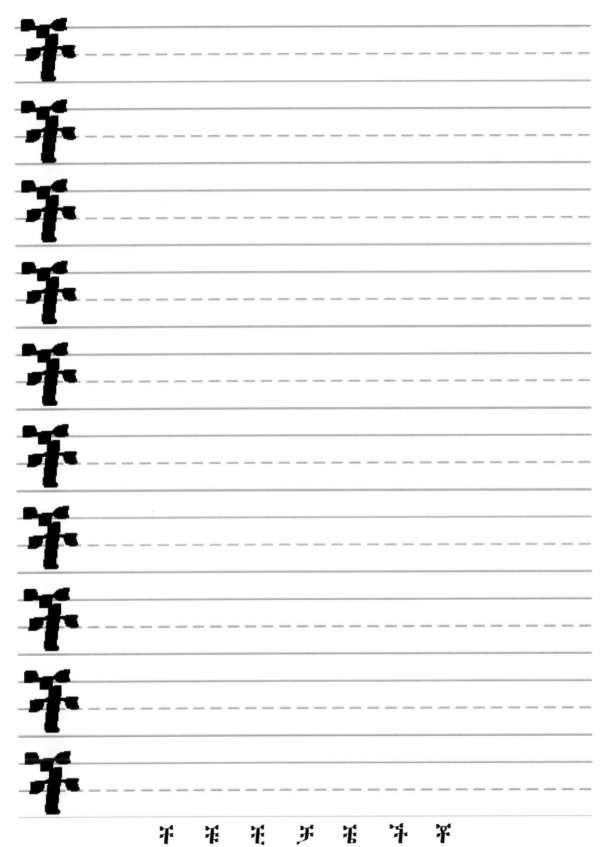

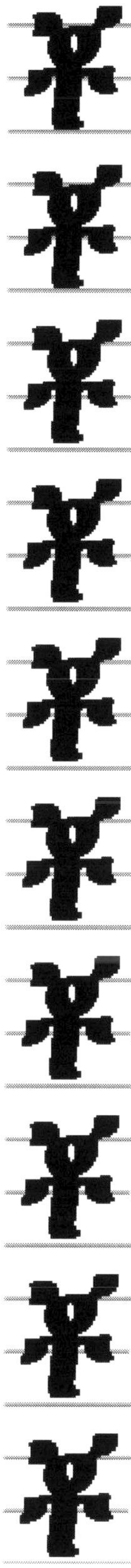

www.LOJSociety.Org - Practice Workbook

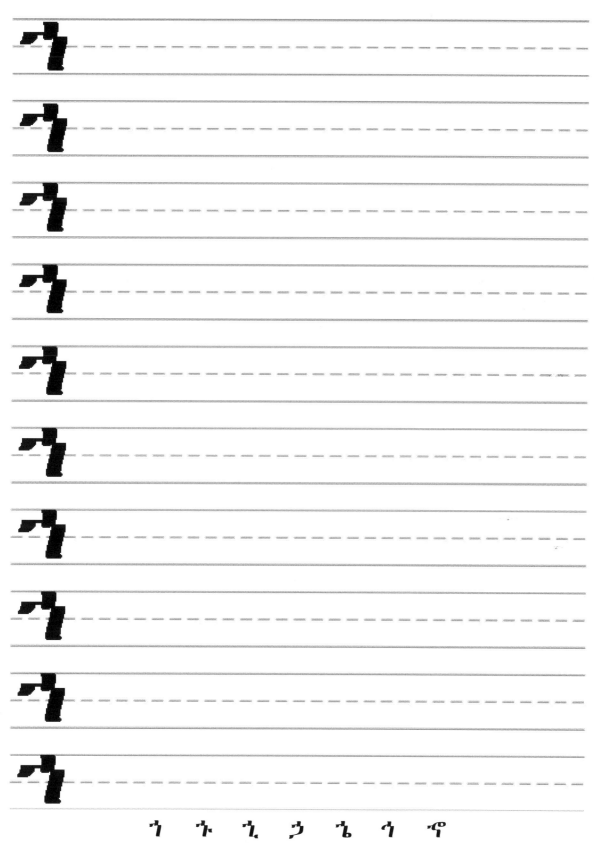

ኀ

ኀ

ኀ

ኀ

ኀ

ኀ

ኀ

ኀ

ኀ

ኀ

ኀ ኁ ኂ ኃ ኄ ኅ ኆ

www.LOJSociety.Org - Practice Workbook

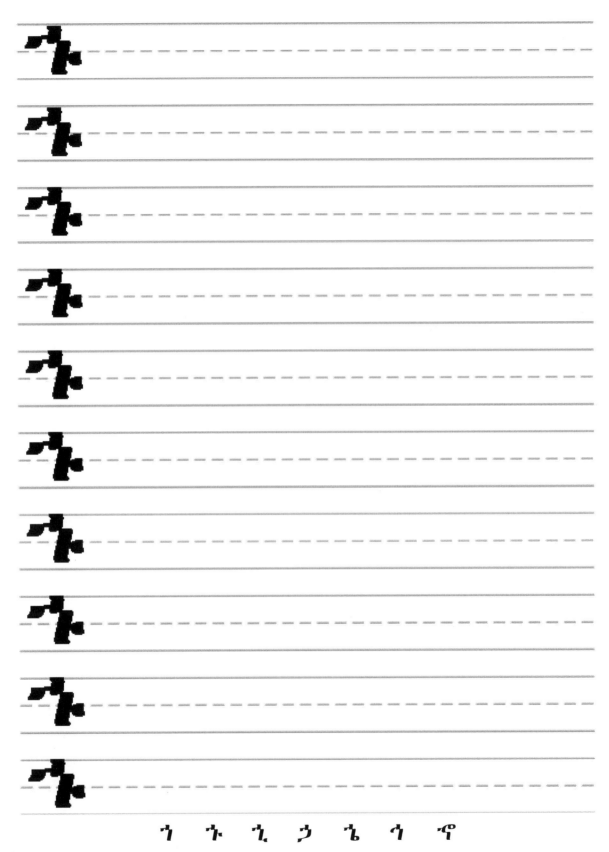

ኁ

ኁ

ኁ

ኁ

ኁ

ኁ

ኁ

ኁ

ኁ

ኁ

ኀ ኁ ኂ ኃ ኄ ኅ ኆ

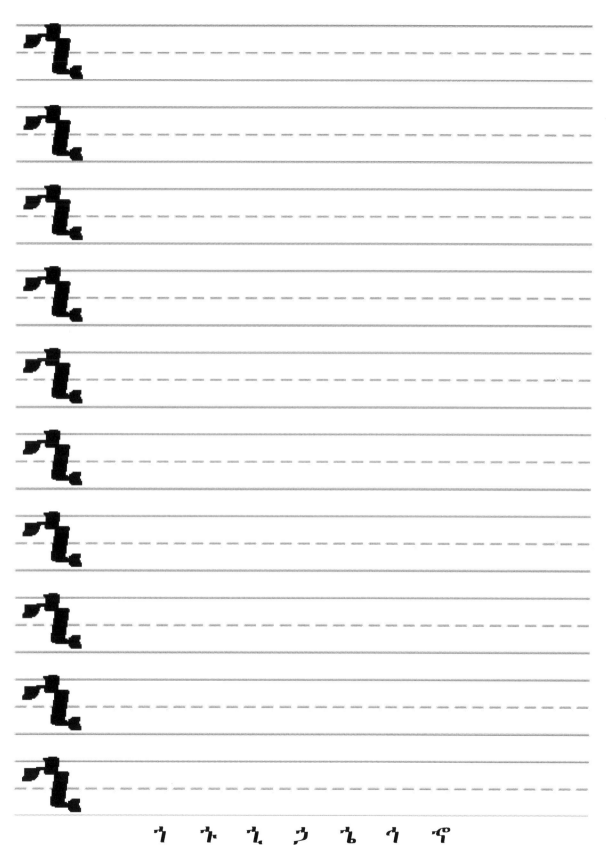

ኂ

ኂ

ኂ

ኂ

ኂ

ኂ

ኂ

ኂ

ኂ

ኂ

ኀ ኁ ኂ ኃ ኄ ኅ ኆ

ኛ

ኛ

ኛ

ኛ

ኛ

ኛ

ኛ

ኛ

ኛ

ኛ

ኘ ኙ ኚ ኛ ኜ ኝ ኞ

www.LOJSociety.Org - Practice Workbook

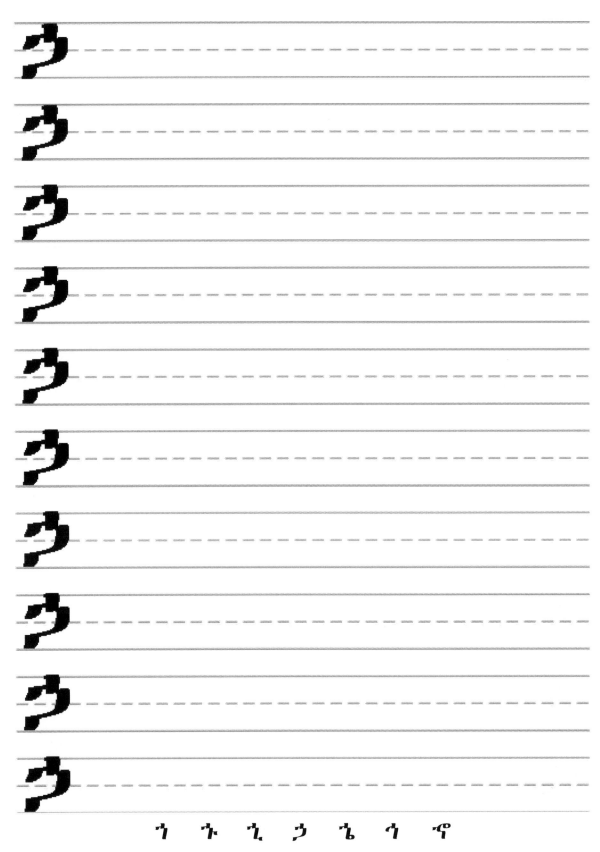

ኅ

ኅ

ኅ

ኅ

ኅ

ኅ

ኅ

ኅ

ኅ

ኅ

ኀ ኁ ኂ ኃ ኄ ኅ ኆ

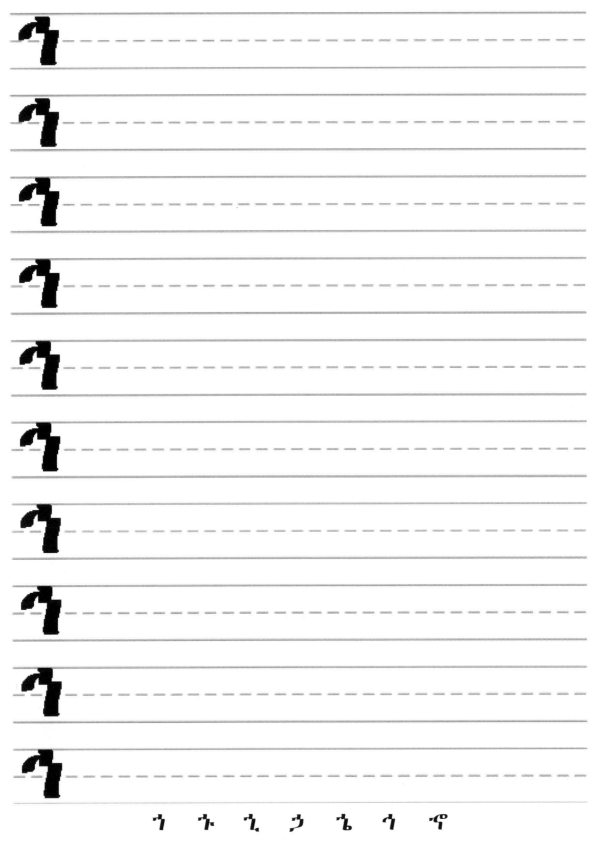

ጎ ቶ ጊ ጋ ጌ ጋ ኖ

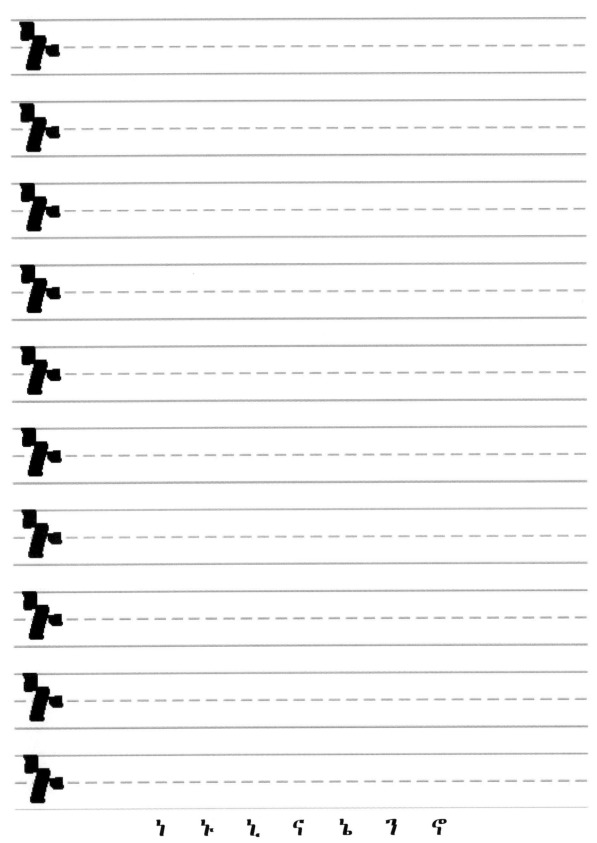

ኑ

ኑ

ኑ

ኑ

ኑ

ኑ

ኑ

ኑ

ኑ

ኑ

ነ ኑ ኒ ና ኔ ን ኖ

ኒ

ኒ

ኒ

ኒ

ኒ

ኒ

ኒ

ኒ

ኒ

ኒ

ነ ኑ ኒ ና ኔ ን ኖ

ና

ና

ና

ና

ና

ና

ና

ና

ና

ና

ነ ኑ ኒ ና ኔ ን ኖ

www.LOJSociety.Org - Practice Workbook

ኔ

ኔ

ኔ

ኔ

ኔ

ኔ

ኔ

ኔ

ኔ

ኔ

ነ ኑ ኒ ና ኔ ን ኖ

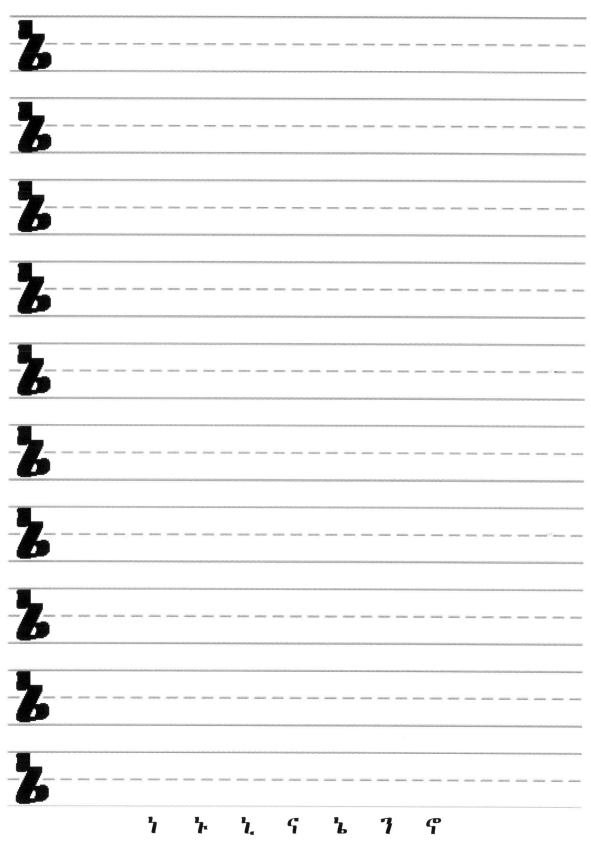

ን

ን

ን

ን

ን

ን

ን

ን

ን

ን

ነ ኑ ኒ ና ኔ ን ኖ

ኖ

ኖ

ኖ

ኖ

ኖ

ኖ

ኖ

ኖ

ኖ

ኖ

ነ ኑ ኒ ና ኔ ን ኖ

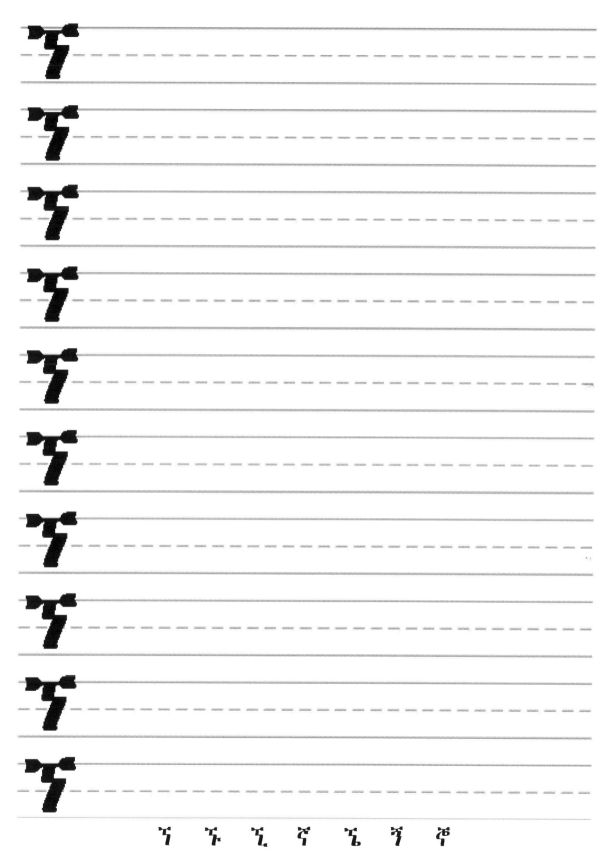

ኘ

ኘ

ኘ

ኘ

ኘ

ኘ

ኘ

ኘ

ኘ

ኘ

ኘ ኙ ኚ ኛ ኜ ኝ ኞ

www.LOJSociety.Org - Practice Workbook

ኙ

ኙ

ኙ

ኙ

ኙ

ኙ

ኙ

ኙ

ኙ

ኙ

ኘ ኙ ኚ ኛ ኜ ኝ ኞ

www.LOJSociety.Org - Practice Workbook

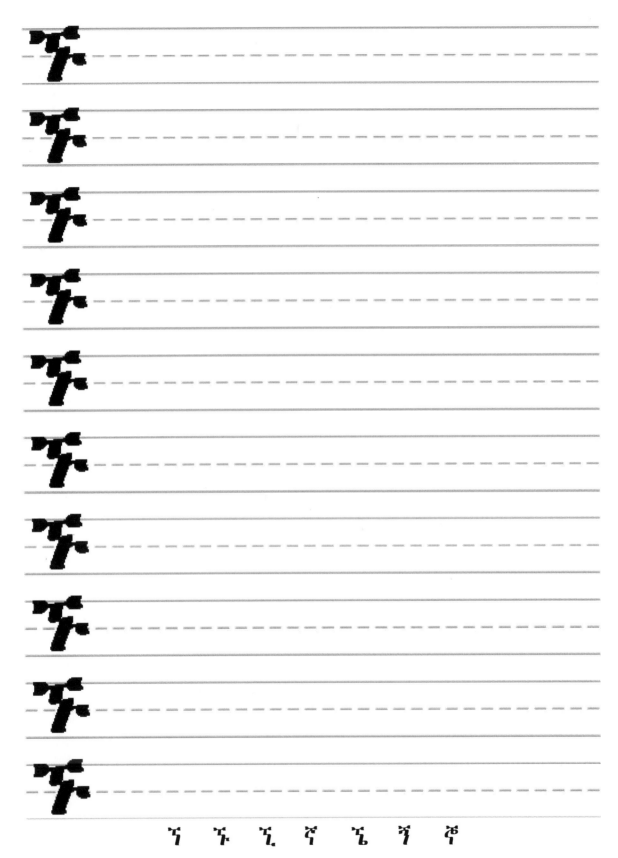

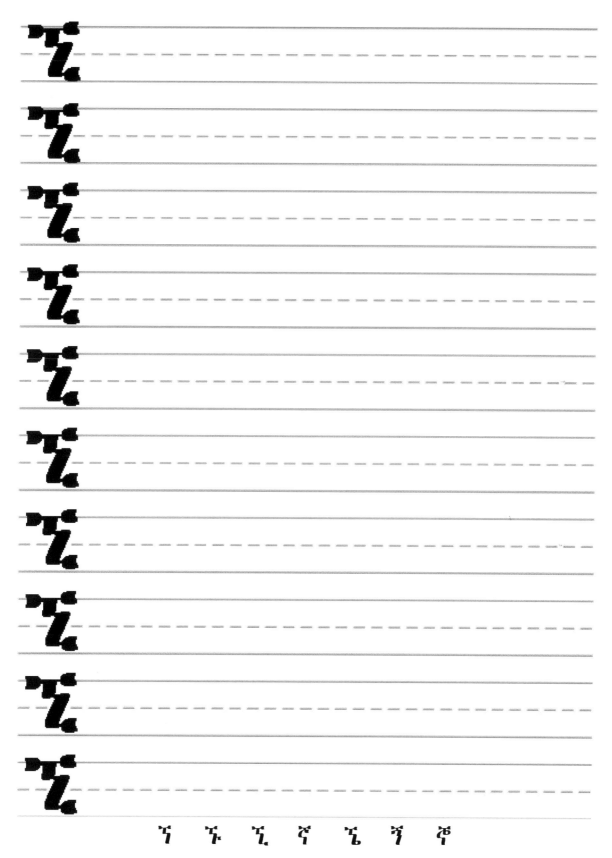

ኚ

ኚ

ኚ

ኚ

ኚ

ኚ

ኚ

ኚ

ኚ

ኚ

ኘ ኙ ኚ ኛ ኜ ኝ ኞ

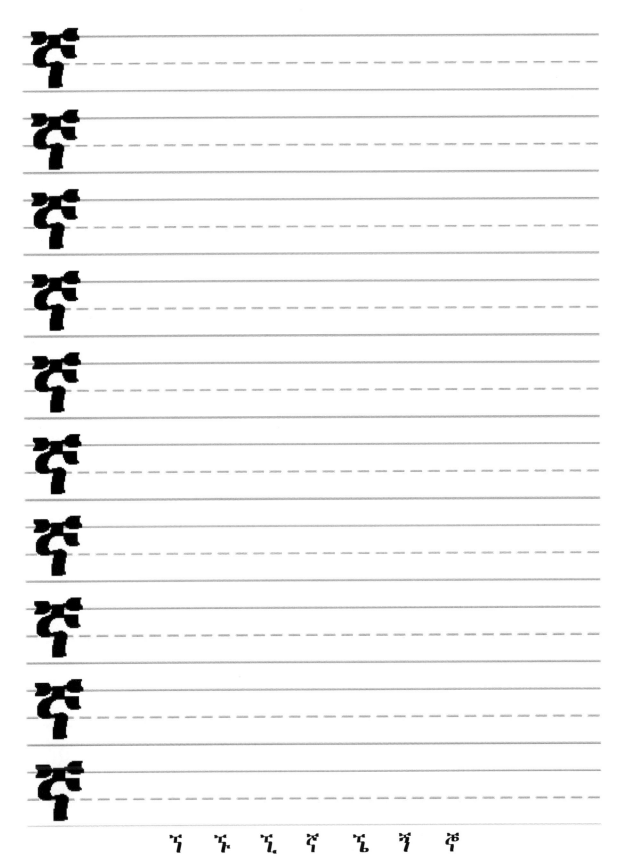

ኛ

ኛ

ኛ

ኛ

ኛ

ኛ

ኛ

ኛ

ኛ

ኛ

ኘ ኙ ኚ ኛ ኜ ኝ ኞ

www.LOJSociety.Org - Practice Workbook

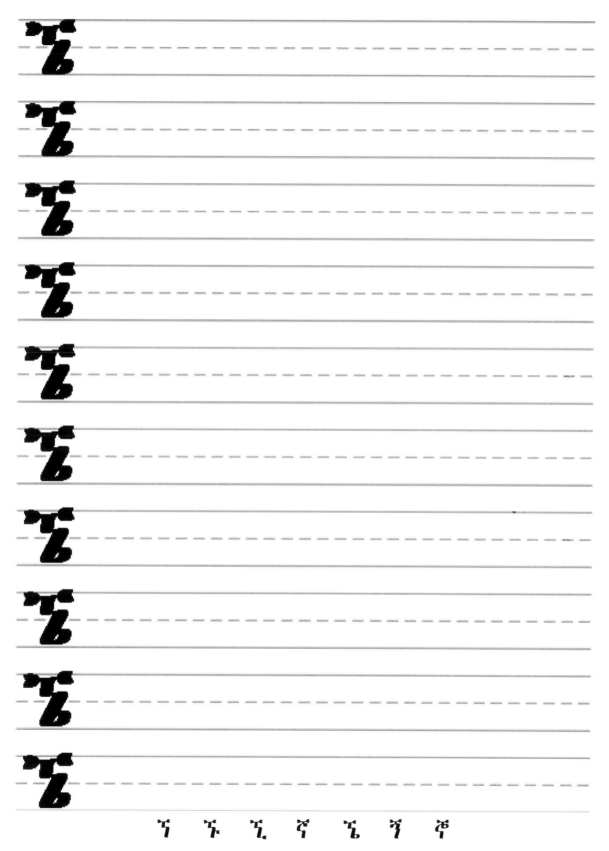

ኜ

ኜ

ኜ

ኜ

ኜ

ኜ

ኜ

ኜ

ኜ

ኜ

ኘ ኙ ኚ ኛ ኜ ኝ ኞ

ኝ

ኝ

ኝ

ኝ

ኝ

ኝ

ኝ

ኝ

ኝ

ኝ

ኘ ኙ ኚ ኛ ኜ ኝ ኞ

www.LOJSociety.Org - Practice Workbook

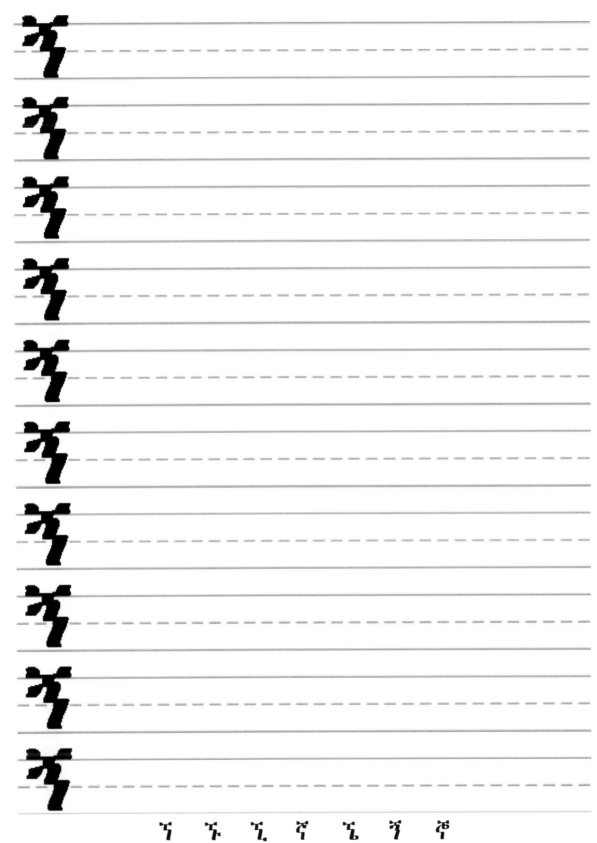

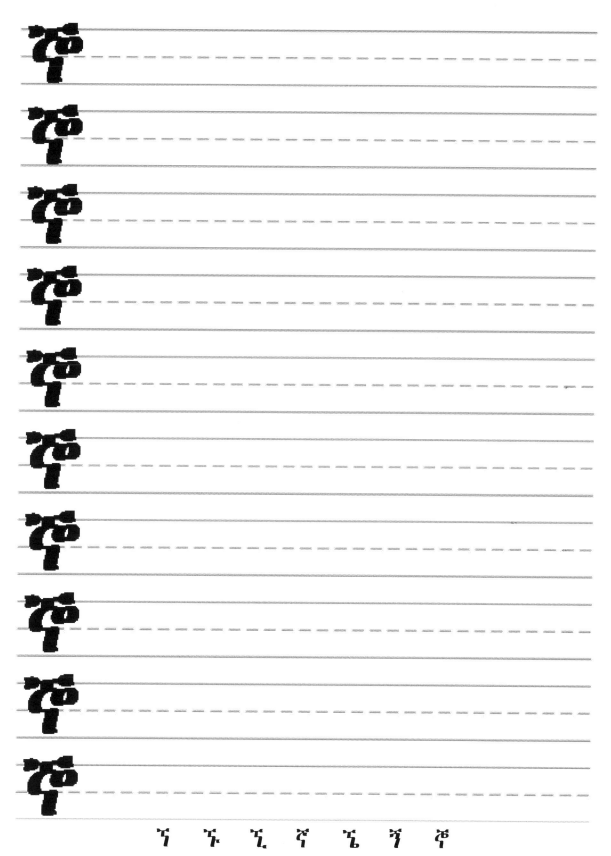

ኞ

ኞ

ኞ

ኞ

ኞ

ኞ

ኞ

ኞ

ኞ

ኞ

ኘ ኙ ኚ ኛ ኜ ኝ ኞ

አ ኡ ኢ ኣ ኤ እ ኦ

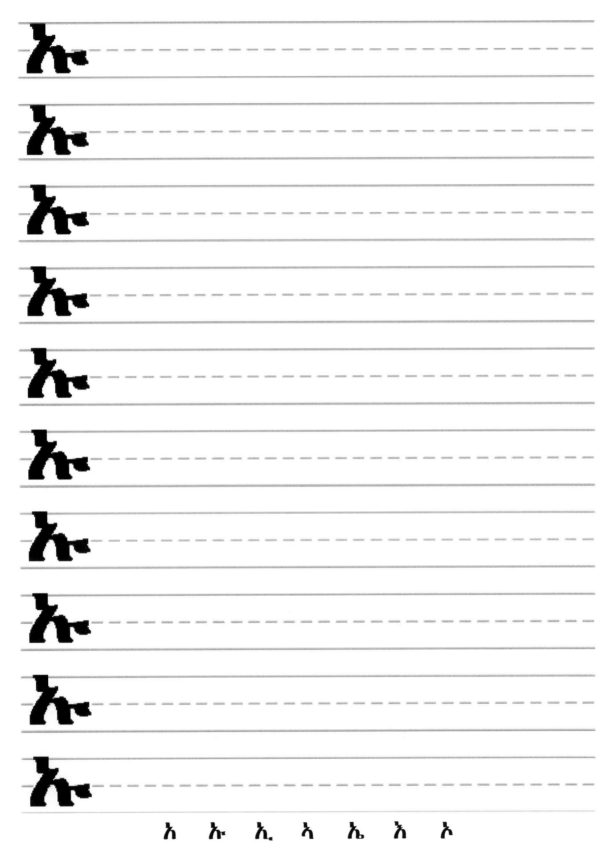

ኡ

ኡ

ኡ

ኡ

ኡ

ኡ

ኡ

ኡ

ኡ

ኡ

አ ኡ ኢ ኣ ኤ እ ኦ

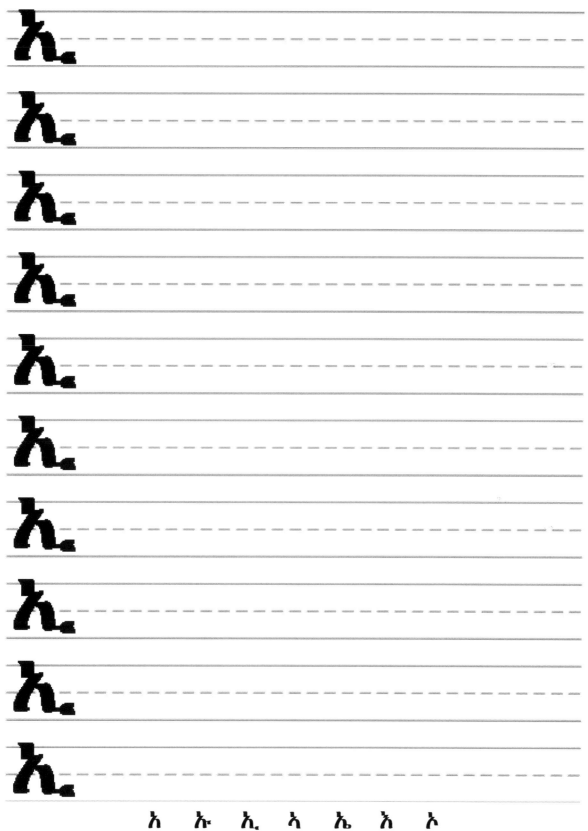

ኢ

ኢ

ኢ

ኢ

ኢ

ኢ

ኢ

ኢ

ኢ

ኢ

አ ኡ ኢ ኣ ኤ እ ኦ

ኣ

ኣ

ኣ

ኣ

ኣ

ኣ

ኣ

ኣ

ኣ

ኣ

አ ኡ ኢ ኣ ኤ እ ኦ

www.LOJSociety.Org - Practice Workbook

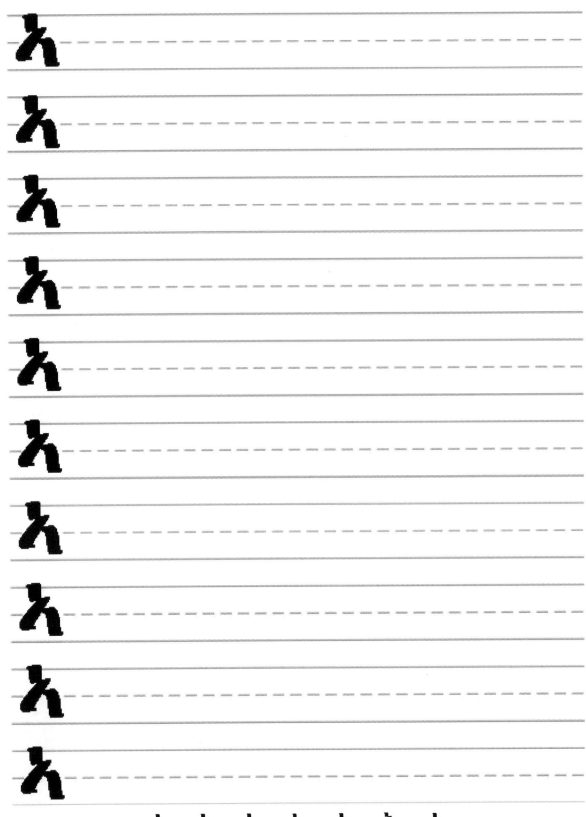

ኤ

ኤ

ኤ

ኤ

ኤ

ኤ

ኤ

ኤ

ኤ

ኤ

አ ኡ ኢ ኣ ኤ እ ኦ

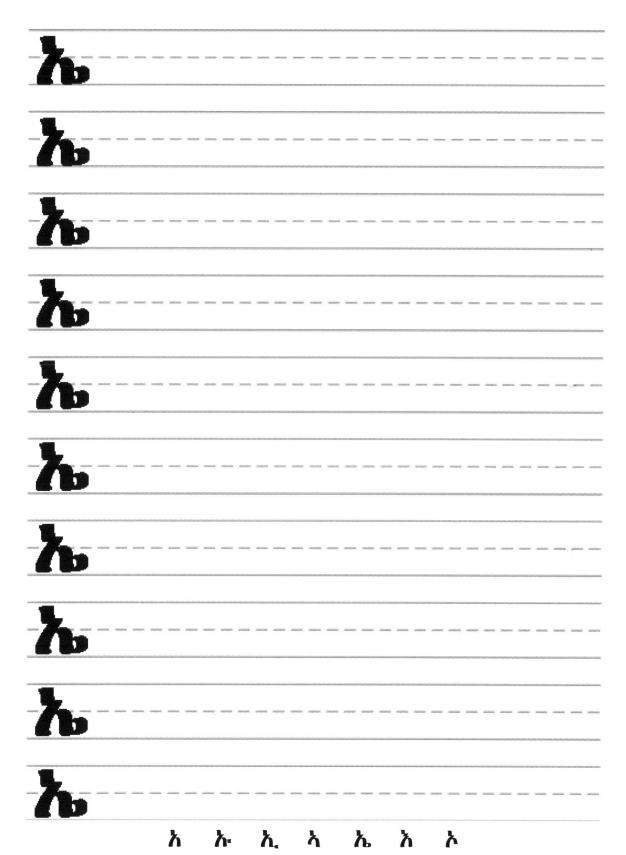

አ ኡ ኢ ኣ ኤ እ ኦ

www.LOJSociety.Org - Practice Workbook

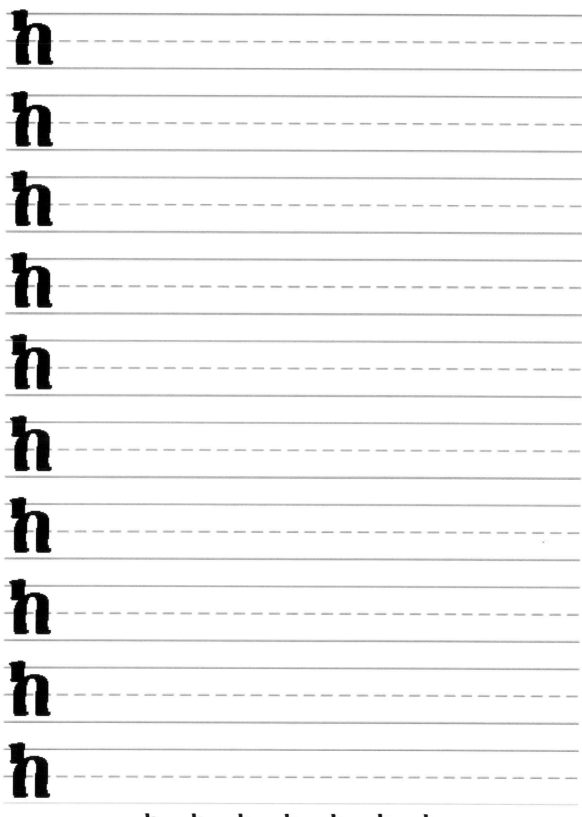

ከ

ከ

ከ

ከ

ከ

ከ

ከ

ከ

ከ

ከ

ከ ኩ ኪ ካ ኬ ክ ኮ

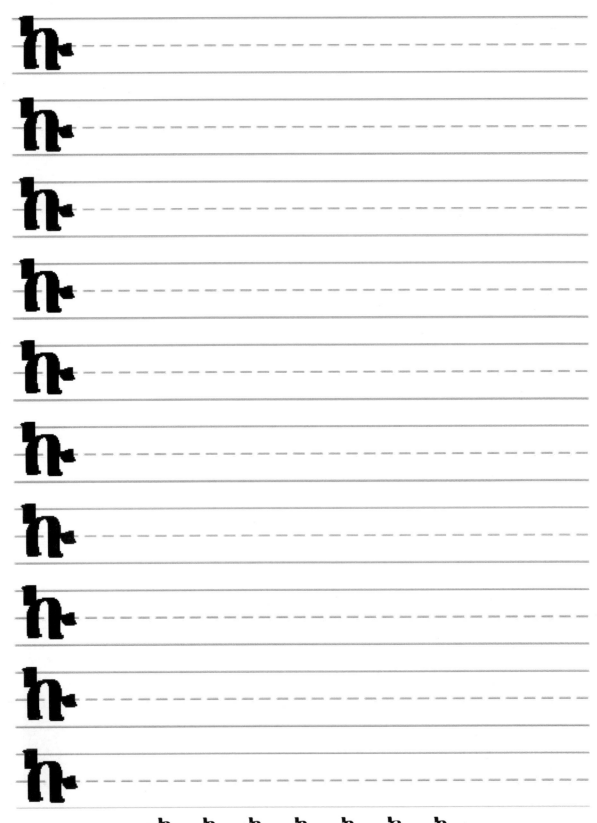

ኩ

ኩ

ኩ

ኩ

ኩ

ኩ

ኩ

ኩ

ኩ

ኩ

ከ ኩ ኪ ካ ኬ ክ ኮ

ኪ

ኪ

ኪ

ኪ

ኪ

ኪ

ኪ

ኪ

ኪ

ኪ

ከ ኩ ኪ ካ ኬ ክ ኮ

www.LOJSociety.Org - Practice Workbook

ካ

ካ

ካ

ካ

ካ

ካ

ካ

ካ

ካ

ካ

ከ ኩ ኪ ካ ኬ ክ ኮ

www.LOJSociety.Org - Practice Workbook

ኬ

ኬ

ኬ

ኬ

ኬ

ኬ

ኬ

ኬ

ኬ

ኬ

ከ ኩ ኪ ካ ኬ ክ ኮ

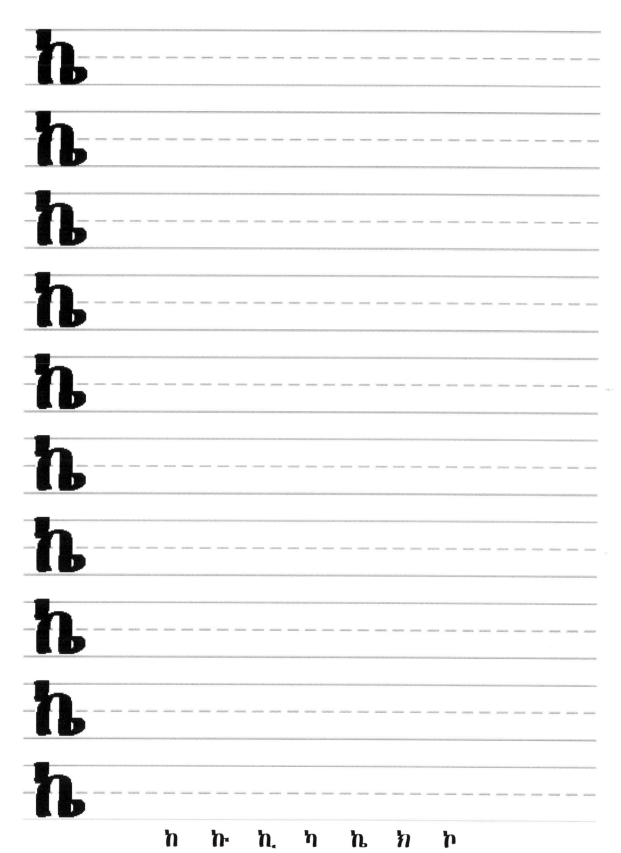

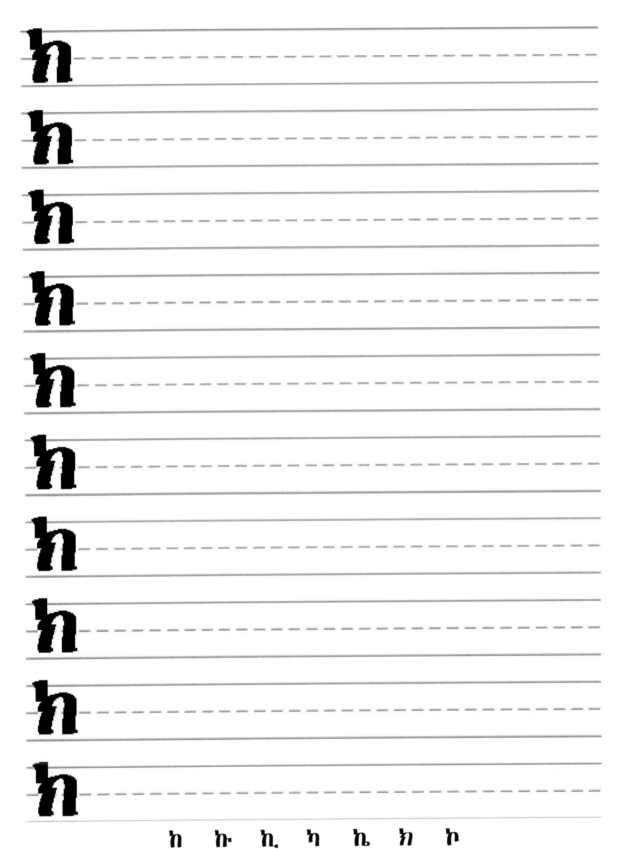

ከ
ከ
ከ
ከ
ከ
ከ
ከ
ከ
ከ
ከ

ከ ኩ ኪ ካ ኬ ክ ኮ

www.LOJSociety.Org - Practice Workbook

ኮ

ኮ

ኮ

ኮ

ኮ

ኮ

ኮ

ኮ

ኮ

ኮ

ከ ኩ ኪ ካ ኬ ክ ኮ

www.LOJSociety.Org - Practice Workbook

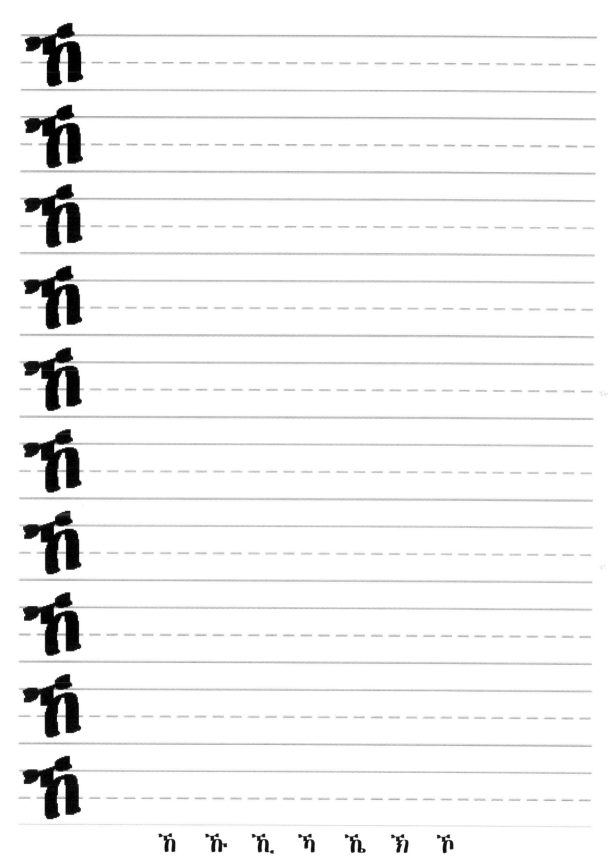

ኸ

ኸ

ኸ

ኸ

ኸ

ኸ

ኸ

ኸ

ኸ

ኸ

ኸ ኹ ኺ ኻ ኼ ኽ ኾ

ኹ
ኹ
ኹ
ኹ
ኹ
ኹ
ኹ
ኹ
ኹ
ኹ

ኸ ኹ ኺ ኻ ኼ ኽ ኾ

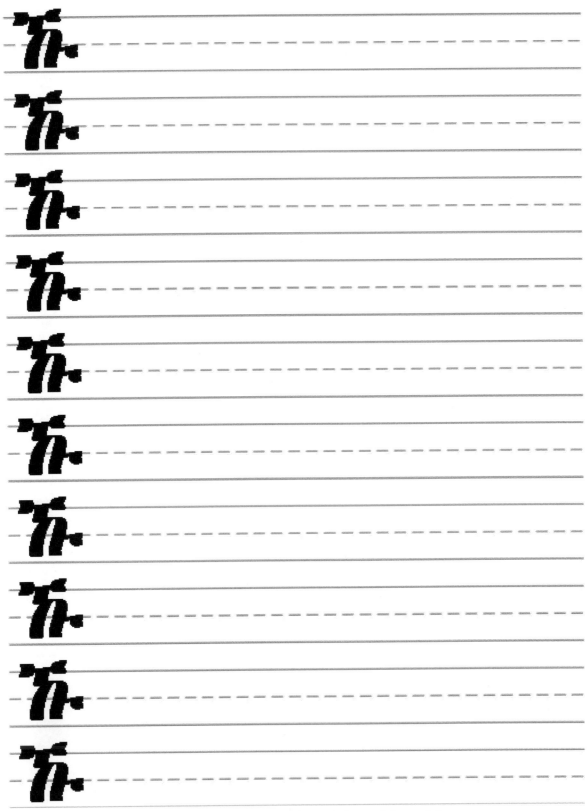

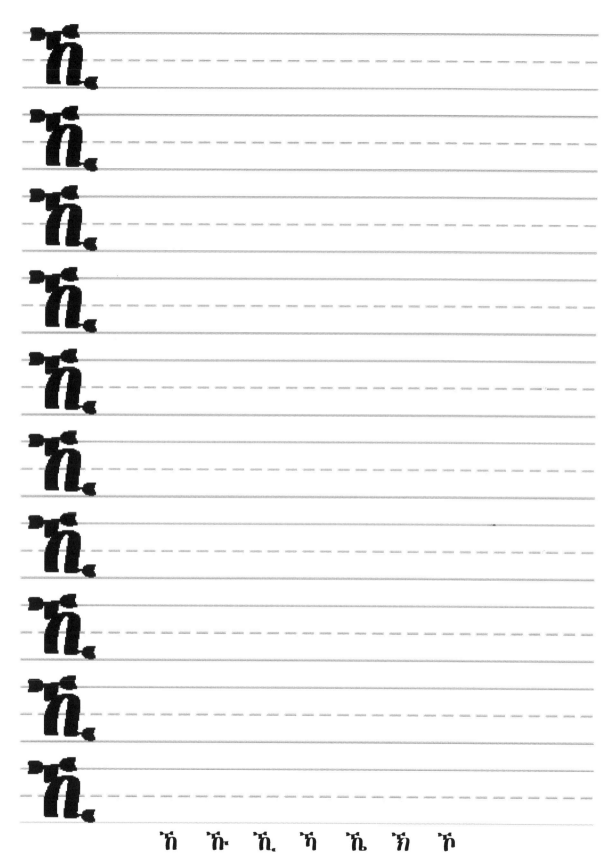

ኺ

ኺ

ኺ

ኺ

ኺ

ኺ

ኺ

ኺ

ኺ

ኺ

ኸ ኹ ኺ ኻ ኼ ኽ ኾ

ኻ

ኻ

ኻ

ኻ

ኻ

ኻ

ኻ

ኻ

ኻ

ኻ

ኸ ኹ ኺ ኻ ኼ ኽ ኾ

www.LOJSociety.Org - Practice Workbook

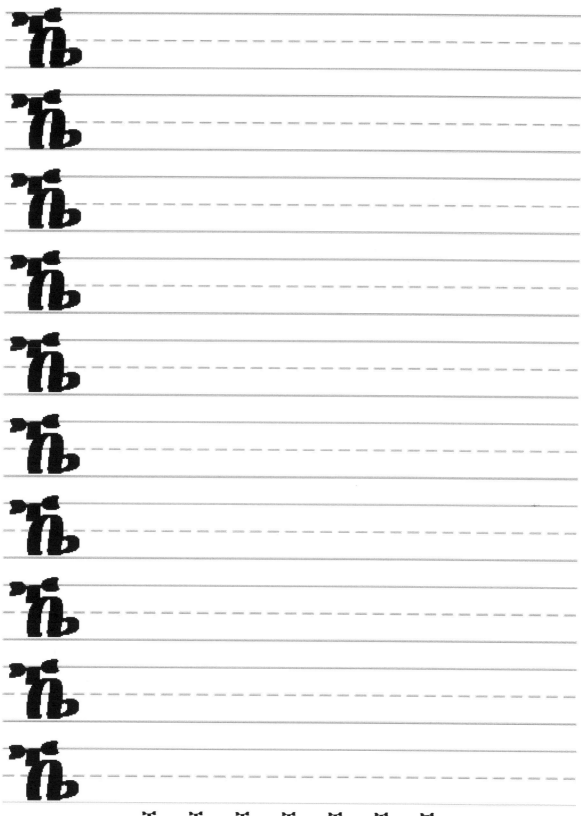

ኼ

ኼ

ኼ

ኼ

ኼ

ኼ

ኼ

ኼ

ኼ

ኼ

ኸ ኹ ኺ ኻ ኼ ኽ ኾ

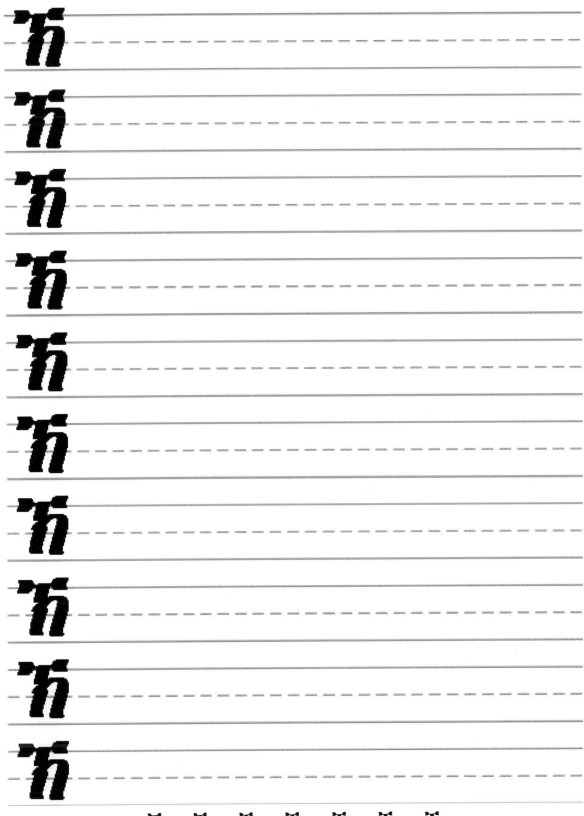

ኽ

ኽ

ኽ

ኽ

ኽ

ኽ

ኽ

ኽ

ኽ

ኽ

ኸ ኹ ኺ ኻ ኼ ኽ ኾ

www.LOJSociety.Org - Practice Workbook

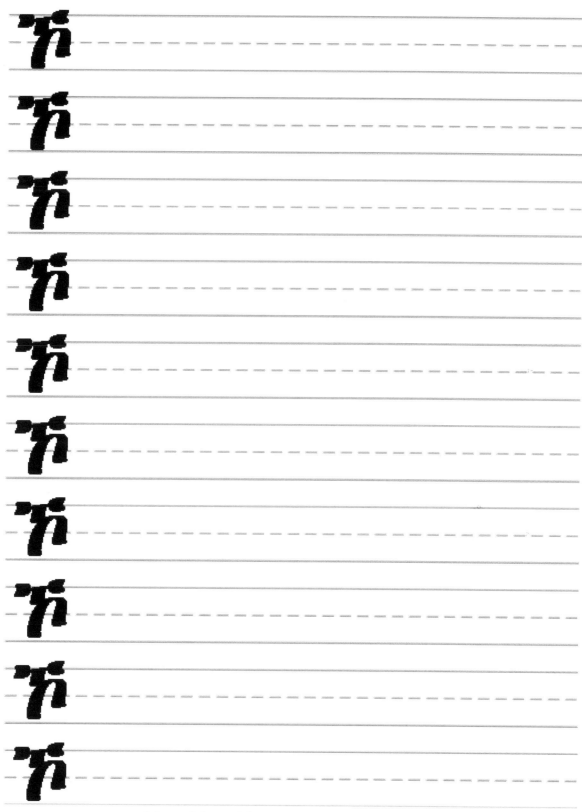

ኽ

ኽ

ኽ

ኽ

ኽ

ኽ

ኽ

ኽ

ኽ

ኽ

ኸ ኹ ኺ ኻ ኼ ኽ ኾ

ወ

ወ

ወ

ወ

ወ

ወ

ወ

ወ

ወ

ወ

ወ ዉ ዊ ዋ ዌ ው ዎ

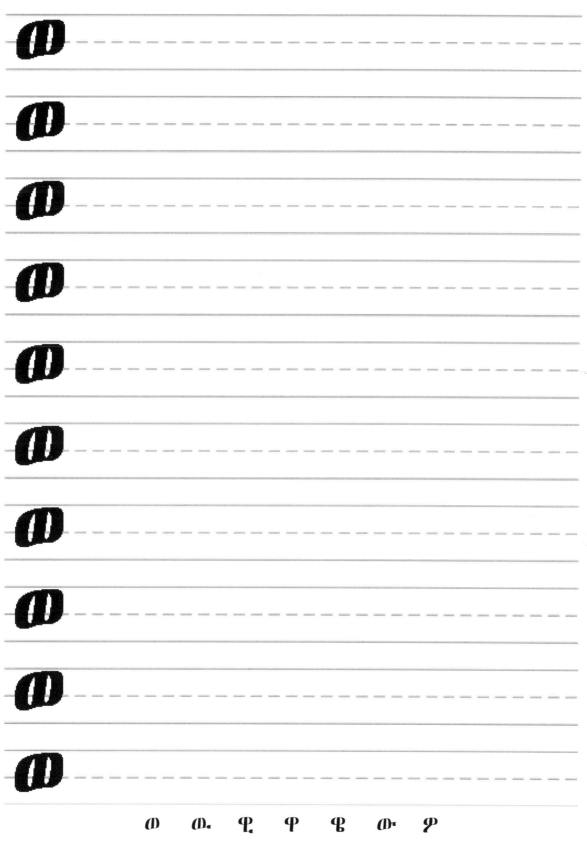

ዉ

ዉ

ዉ

ዉ

ዉ

ዉ

ዉ

ዉ

ዉ

ዉ

ወ ዉ ዊ ዋ ዌ ው ዎ

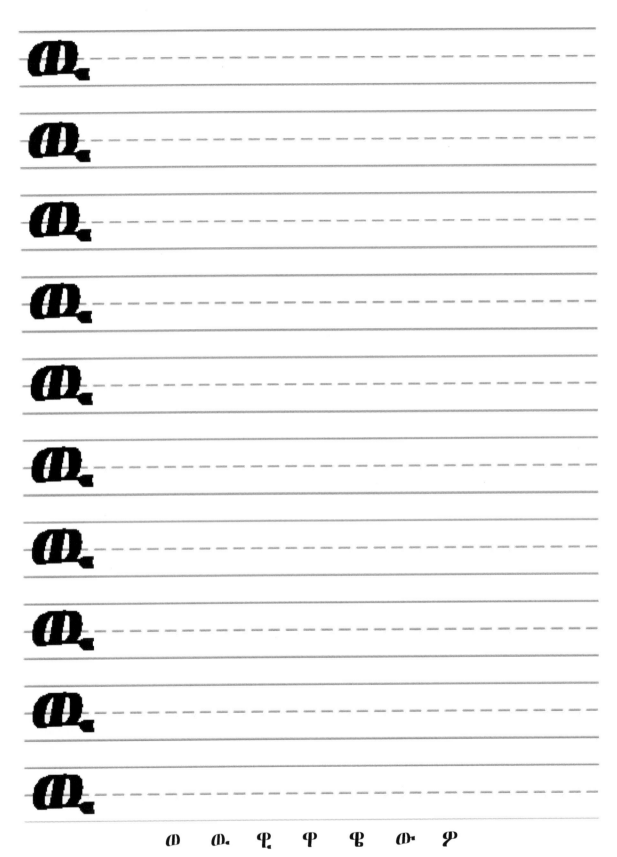

ዊ

ዊ

ዊ

ዊ

ዊ

ዊ

ዊ

ዊ

ዊ

ዊ

ወ ዉ ዊ ዋ ዌ ው ዎ

ዋ

ዋ

ዋ

ዋ

ዋ

ዋ

ዋ

ዋ

ዋ

ዋ

ወ ዉ ዊ ዋ ዌ ው ዎ

ዌ

ዌ

ዌ

ዌ

ዌ

ዌ

ዌ

ዌ

ዌ

ዌ

ወ ዉ ዊ ዋ ዌ ው ዎ

ወ   ዉ   ዊ   ዋ   ዌ   ው   ዎ

ዎ

ዎ

ዎ

ዎ

ዎ

ዎ

ዎ

ዎ

ዎ

ዎ

ወ ዉ ዊ ዋ ዌ ው ዎ

www.LOJSociety.Org - Practice Workbook

ዐ

ዐ

ዐ

ዐ

ዐ

ዐ

ዐ

ዐ

ዐ

ዐ

ዐ ዑ ዒ ዓ ዔ ዕ ዖ

www.LOJSociety.Org - Practice Workbook

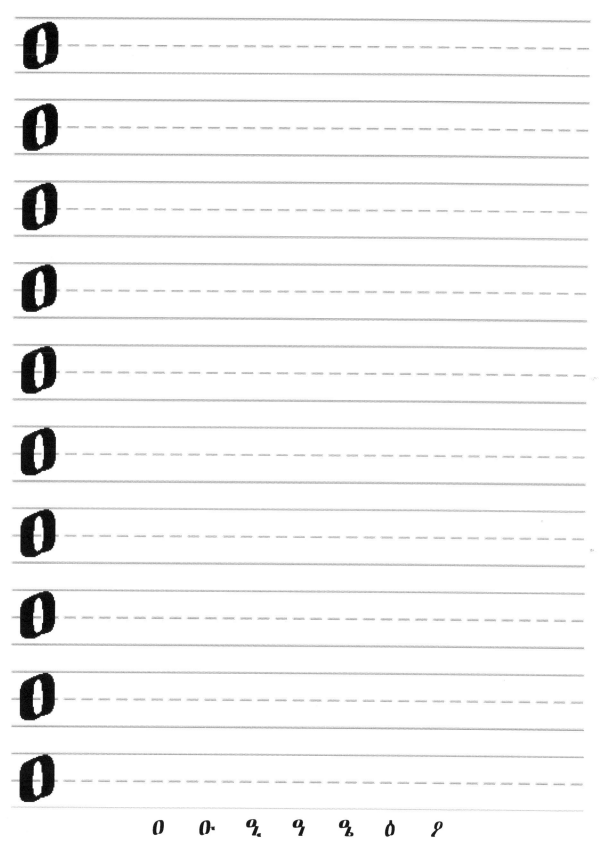

ዑ

ዑ

ዑ

ዑ

ዑ

ዑ

ዑ

ዑ

ዑ

ዑ

ዐ ዑ ዒ ዓ ዔ ዕ ዖ

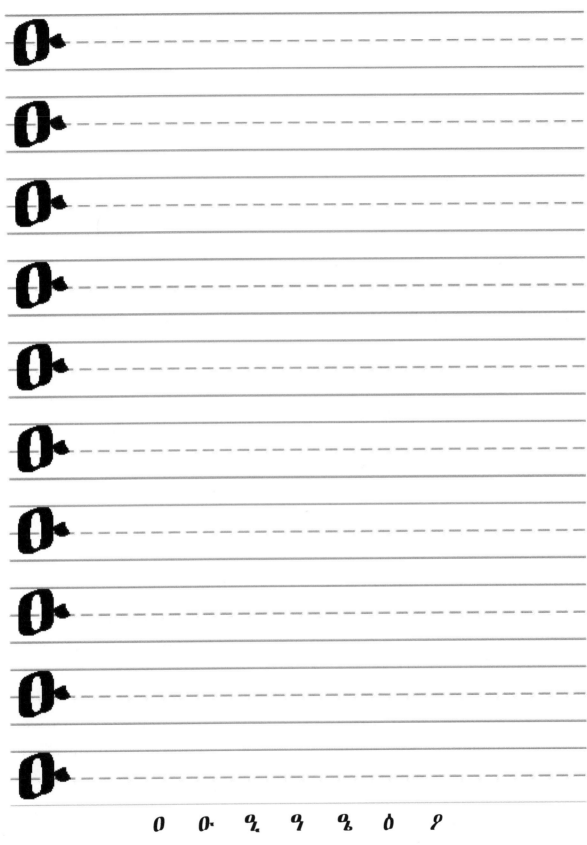

ዒ

ዒ

ዒ

ዒ

ዒ

ዒ

ዒ

ዒ

ዒ

ዒ

ዐ ዑ ዒ ዓ ዔ ዕ ዖ

ዓ

ዓ

ዓ

ዓ

ዓ

ዓ

ዓ

ዓ

ዓ

ዓ

ዐ ዑ ዒ ዓ ዔ ዕ ዖ

www.LOJSociety.Org - Practice Workbook

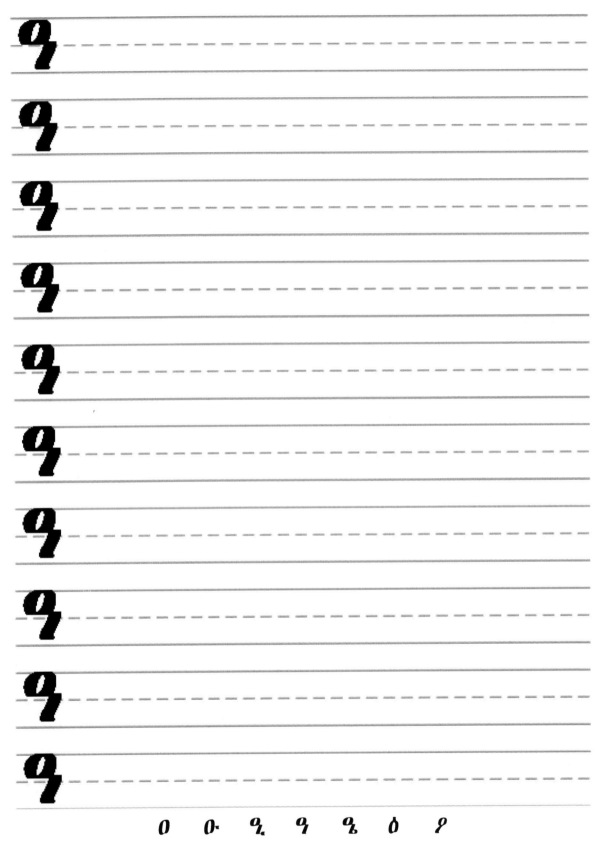

ዔ

ዔ

ዔ

ዔ

ዔ

ዔ

ዔ

ዔ

ዔ

ዔ

ዐ ዑ ዒ ዓ ዔ ዕ ዖ

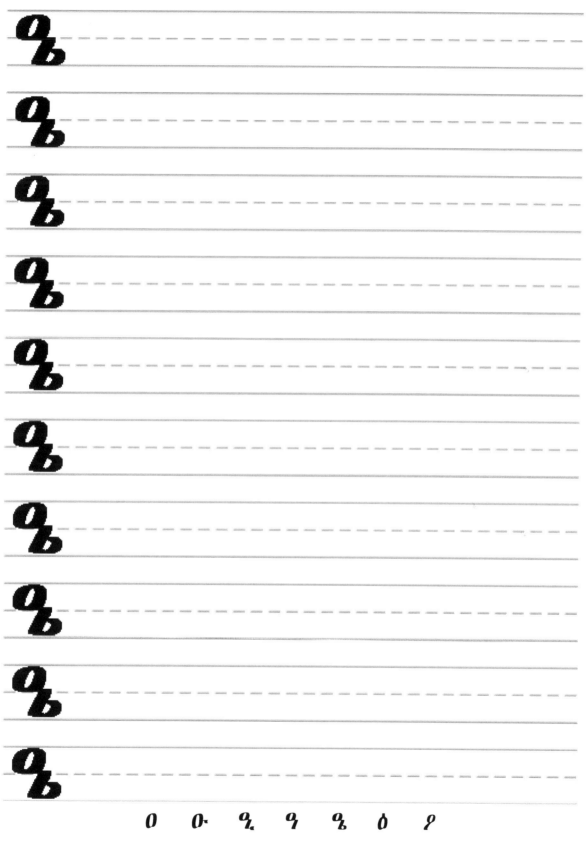

ዕ

ዕ

ዕ

ዕ

ዕ

ዕ

ዕ

ዕ

ዕ

ዕ

ዐ ዑ ዒ ዓ ዔ ዕ ዖ

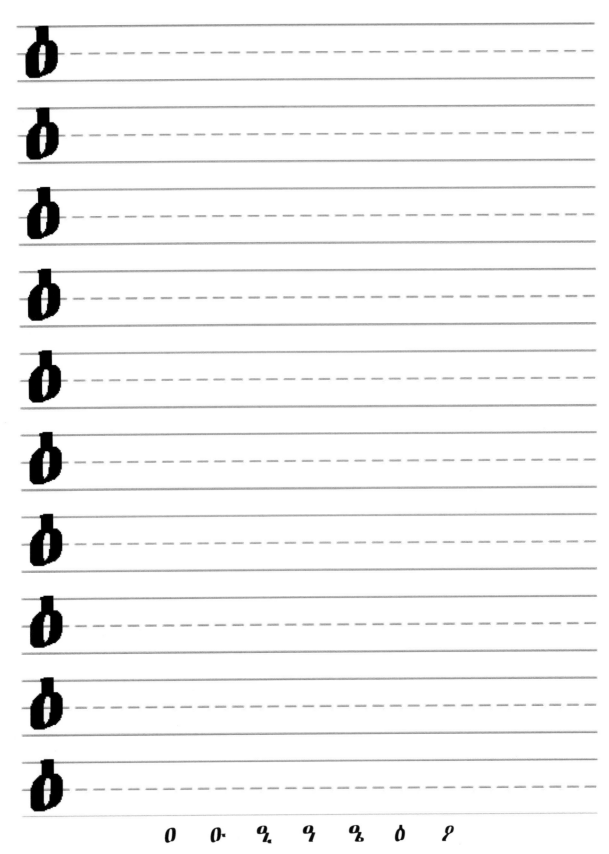

ዖ

ዖ

ዖ

ዖ

ዖ

ዖ

ዖ

ዖ

ዖ

ዖ

ዐ ዑ ዒ ዓ ዔ ዕ ዖ

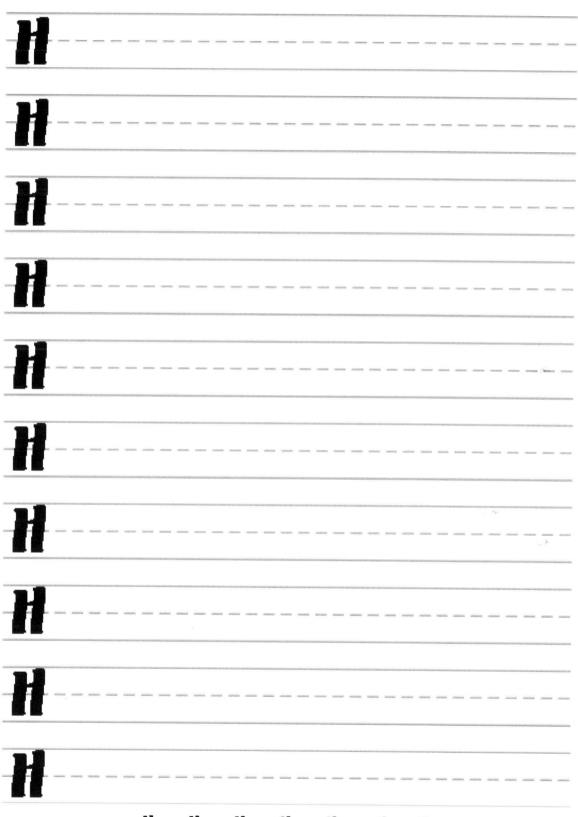

ዘ

ዘ

ዘ

ዘ

ዘ

ዘ

ዘ

ዘ

ዘ

ዘ

ዘ ዙ ዚ ዛ ዜ ዝ ዞ

www.LOJSociety.Org - Practice Workbook

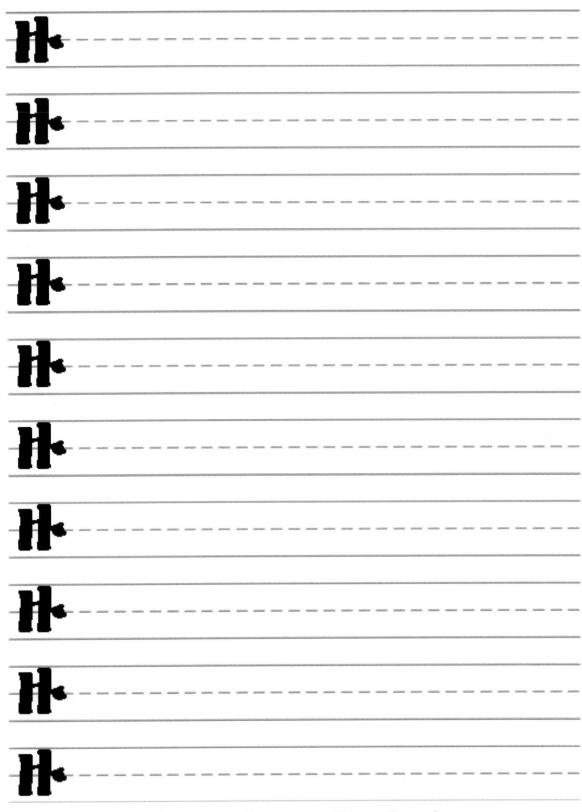

ዙ

ዙ

ዙ

ዙ

ዙ

ዙ

ዙ

ዙ

ዙ

ዙ

ዘ ዙ ዚ ዛ ዜ ዝ ዞ

www.LOJSociety.Org - Practice Workbook

ዚ

ዚ

ዚ

ዚ

ዚ

ዚ

ዚ

ዚ

ዚ

ዚ

ዘ ዙ ዚ ዛ ዜ ዝ ዞ

www.LOJSociety.Org - Practice Workbook

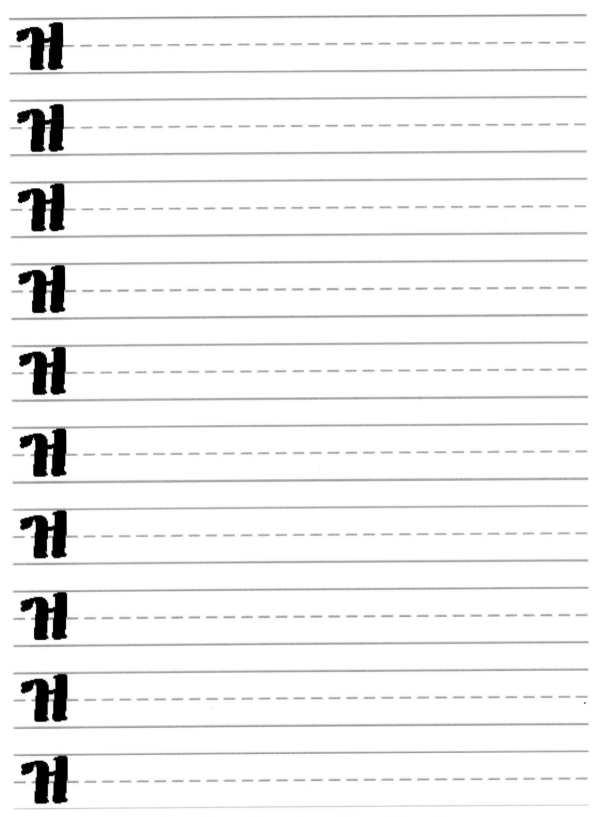

ዝ

ዝ

ዝ

ዝ

ዝ

ዝ

ዝ

ዝ

ዝ

ዝ

ዘ ዙ ዚ ዛ ዜ ዝ ዞ

www.LOJSociety.Org - Practice Workbook

ዞ

ዞ

ዞ

ዞ

ዞ

ዞ

ዞ

ዞ

ዞ

ዞ

ዘ ዙ ዚ ዛ ዜ ዝ ዞ

www.LOJSociety.Org - Practice Workbook

ኸ

ኸ

ኸ

ኸ

ኸ

ኸ

ኸ

ኸ

ኸ

ኸ

ኸ ኹ ኺ ኻ ኼ ኽ ኾ

www.LOJSociety.Org - Practice Workbook

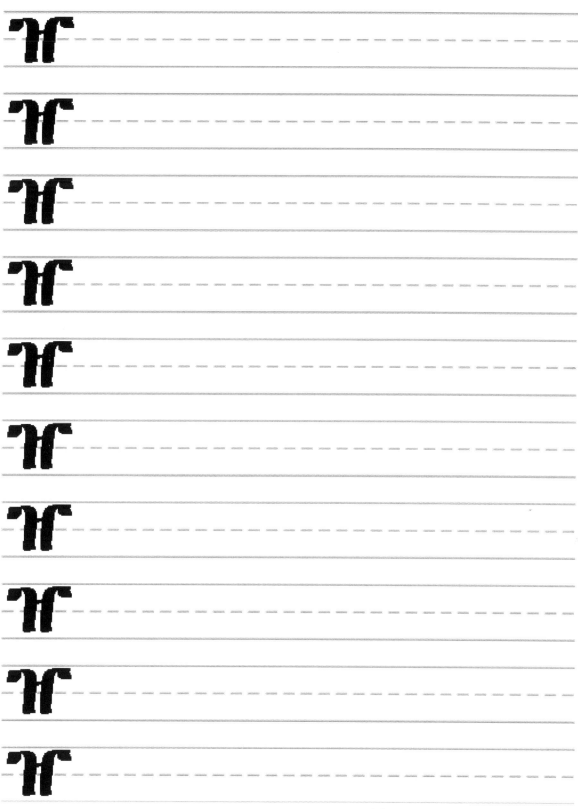

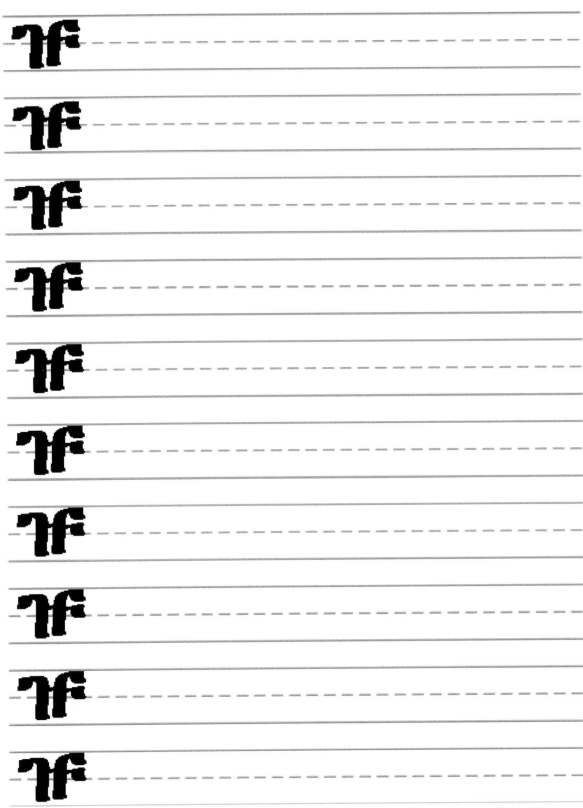

ጙ

ጙ

ጙ

ጙ

ጙ

ጙ

ጙ

ጙ

ጙ

ጙ

ጘ ጙ ጚ ጛ ጜ ጝ ጞ

www.LOJSociety.Org - Practice Workbook

ዢ

ዢ

ዢ

ዢ

ዢ

ዢ

ዢ

ዢ

ዢ

ዢ

ዠ ዡ ዢ ዣ ዤ ዥ ዦ

www.LOJSociety.Org - Practice Workbook

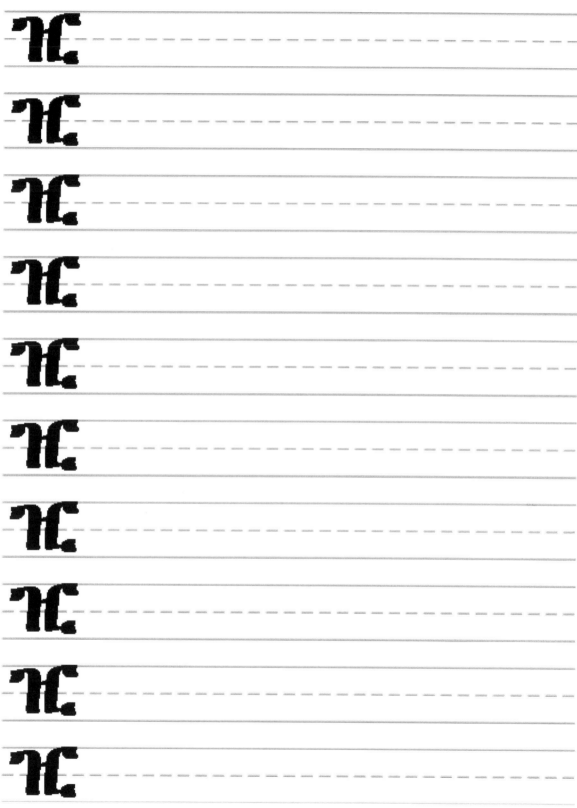

ዦ

ዦ

ዦ

ዦ

ዦ

ዦ

ዦ

ዦ

ዦ

ዦ

ዠ ዡ ዢ ዣ ዤ ዥ ዦ

www.LOJSociety.Org - Practice Workbook

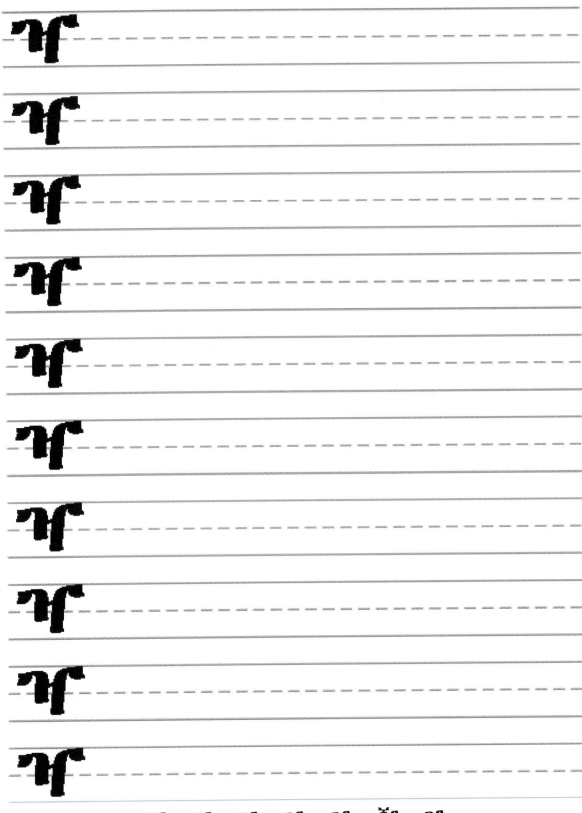

ኼ

ኼ

ኼ

ኼ

ኼ

ኼ

ኼ

ኼ

ኼ

ኼ

ኸ ኹ ኺ ኻ ኼ ኽ ኾ

www.LOJSociety.Org - Practice Workbook

ኽ

ኽ

ኽ

ኽ

ኽ

ኽ

ኽ

ኽ

ኽ

ኽ

ኸ ኹ ኺ ኻ ኼ ኽ ኾ

www.LOJSociety.Org - Practice Workbook

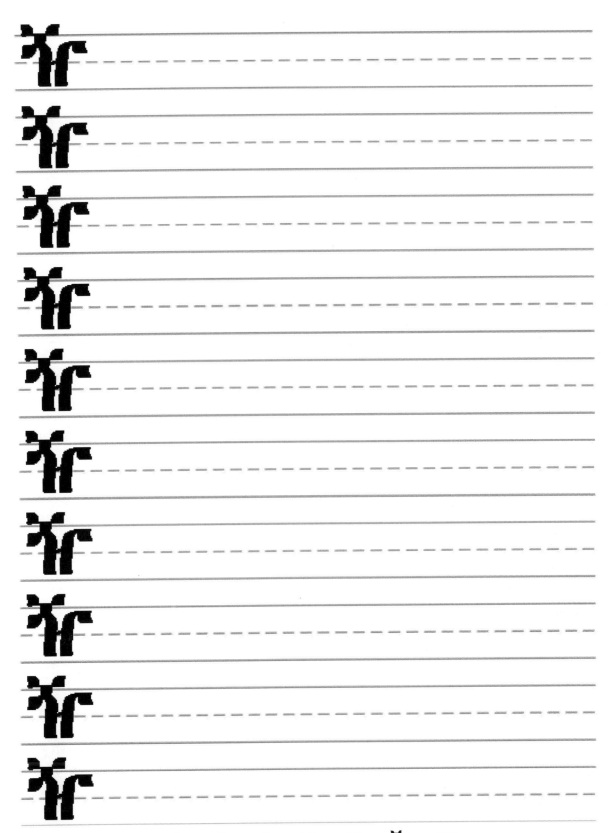

ዧ

ዧ

ዧ

ዧ

ዧ

ዧ

ዧ

ዧ

ዧ

ዧ

ዠ ዡ ዢ ዣ ዤ ዥ ዦ

www.LOJSociety.Org - Practice Workbook

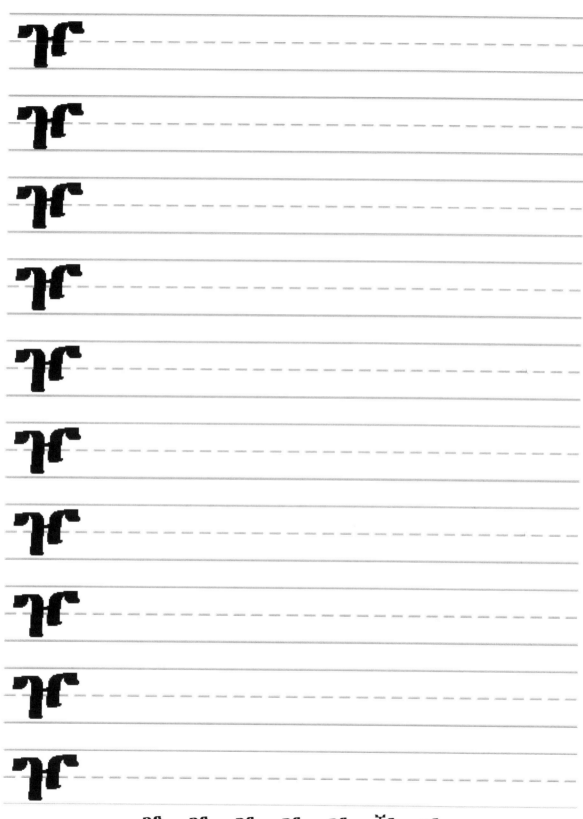

www.LOJSociety.Org - Practice Workbook

የ

የ

የ

የ

የ

የ

የ

የ

የ

የ

የ ዩ ዪ ያ ዬ ይ ዮ

ዩ

ዩ

ዩ

ዩ

ዩ

ዩ

ዩ

ዩ

ዩ

ዩ

የ ዩ ዪ ያ ዬ ይ ዮ

ዪ
ዪ
ዪ
ዪ
ዪ
ዪ
ዪ
ዪ
ዪ
ዪ

የ   ዩ   ዪ   ያ   ዬ   ይ   ዮ

ያ

ያ

ያ

ያ

ያ

ያ

ያ

ያ

ያ

ያ

የ ዩ ዪ ያ ዬ ይ ዮ

ዬ

ዬ

ዬ

ዬ

ዬ

ዬ

ዬ

ዬ

ዬ

ዬ

የ ዩ ዪ ያ ዬ ይ ዮ

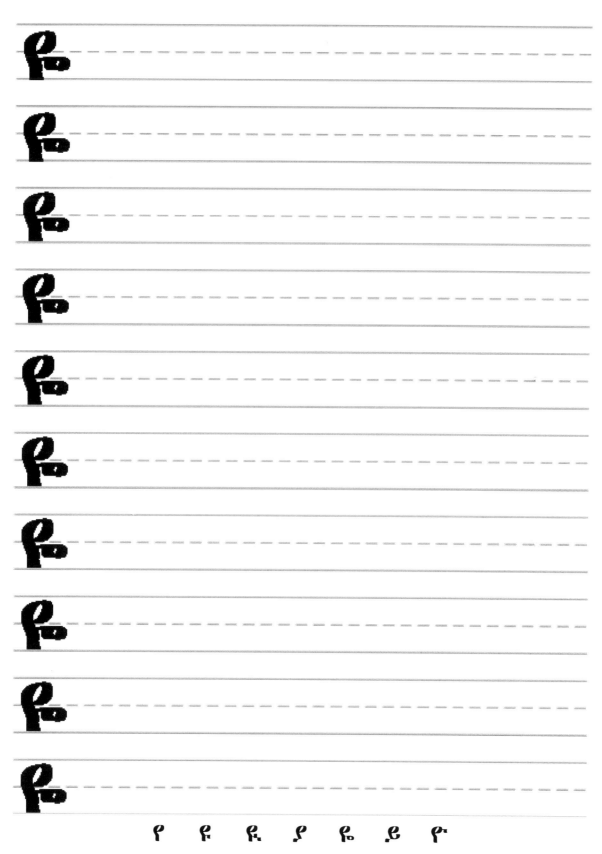

ይ

ይ

ይ

ይ

ይ

ይ

ይ

ይ

ይ

ይ

የ ዩ ዪ ያ ዬ ይ ዮ

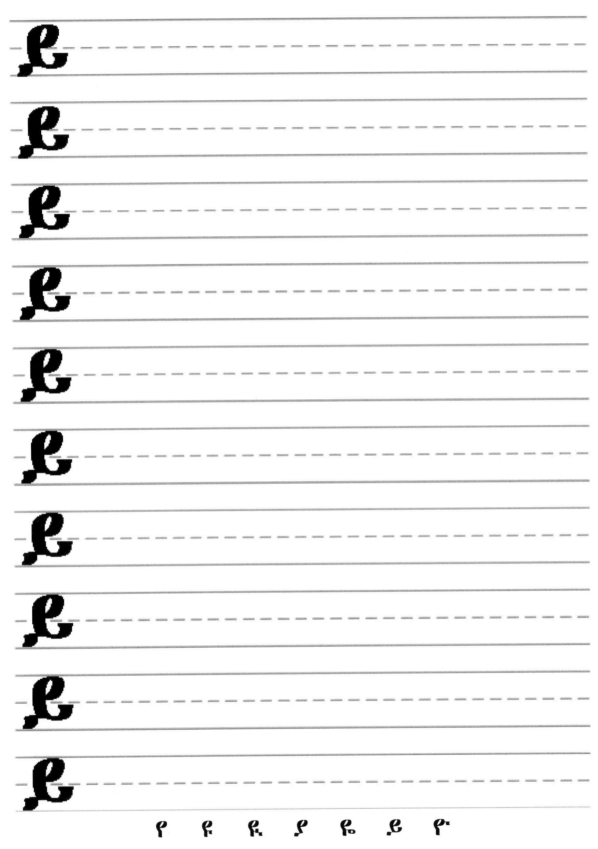

ዮ

ዮ

ዮ

ዮ

ዮ

ዮ

ዮ

ዮ

ዮ

ዮ

የ ዩ ዪ ያ ዬ ይ ዮ

www.LOJSociety.Org - Practice Workbook

ዸ

ዸ

ዸ

ዸ

ዸ

ዸ

ዸ

ዸ

ዸ

ዸ

ዸ ዹ ዺ ዻ ዼ ዽ ዾ

www.LOJSociety.Org - Practice Workbook

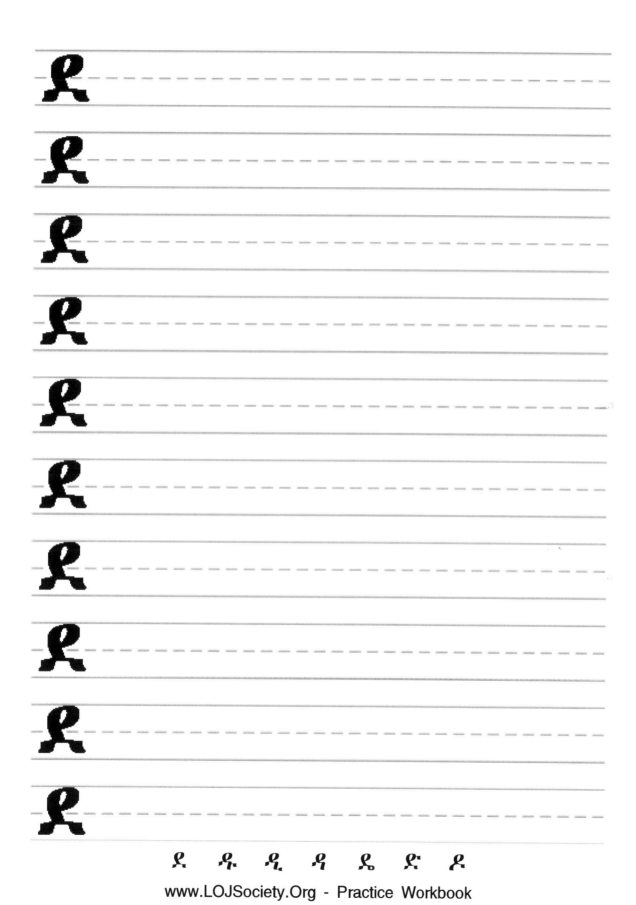

ዱ

ዱ

ዱ

ዱ

ዱ

ዱ

ዱ

ዱ

ዱ

ዱ

ደ ዱ ዲ ዳ ዴ ድ ዶ

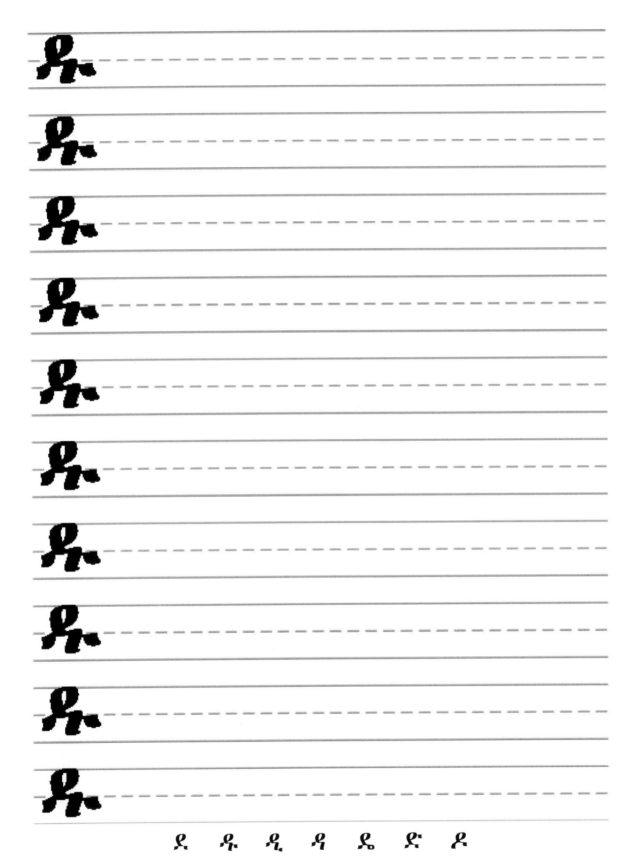

ዲ

ዲ

ዲ

ዲ

ዲ

ዲ

ዲ

ዲ

ዲ

ዲ

ደ ዱ ዲ ዳ ዴ ድ ዶ

www.LOJSociety.Org - Practice Workbook

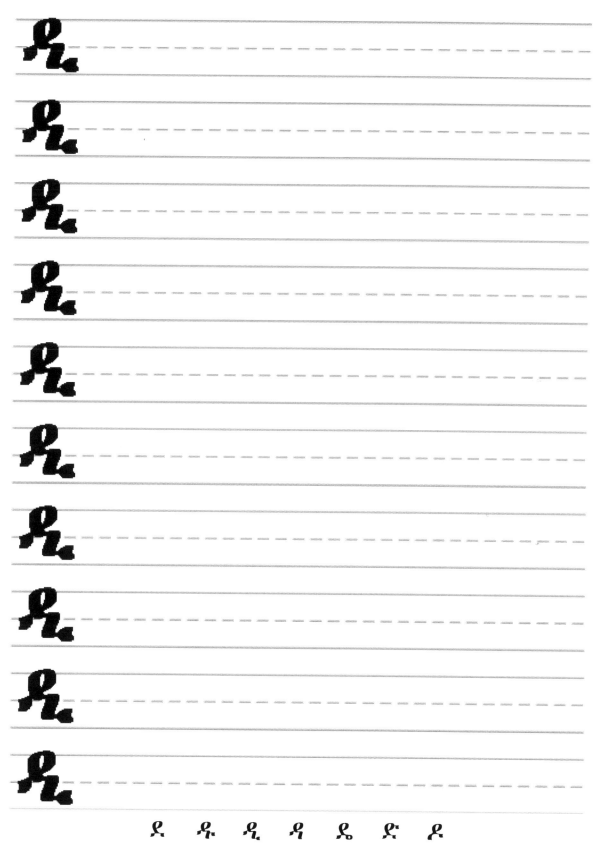

ዳ

ዳ

ዳ

ዳ

ዳ

ዳ

ዳ

ዳ

ዳ

ዳ

ደ ዱ ዲ ዳ ዴ ድ ዶ

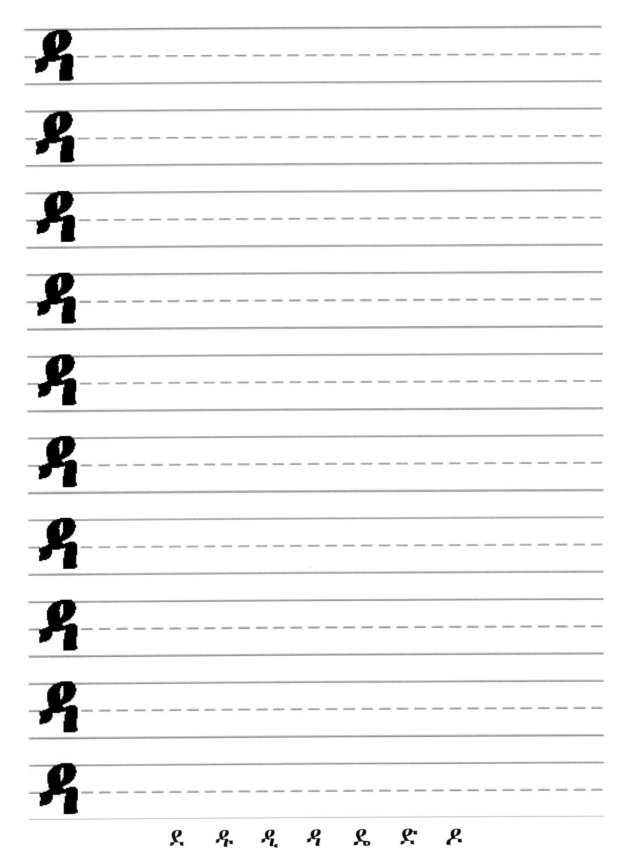

ዷ

ዷ

ዷ

ዷ

ዷ

ዷ

ዷ

ዷ

ዷ

ዷ

ደ ዱ ዲ ዳ ዴ ድ ዶ

www.LOJSociety.Org - Practice Workbook

ዶ

ዶ

ዶ

ዶ

ዶ

ዶ

ዶ

ዶ

ዶ

ዶ

ደ ዱ ዲ ዳ ዴ ድ ዶ

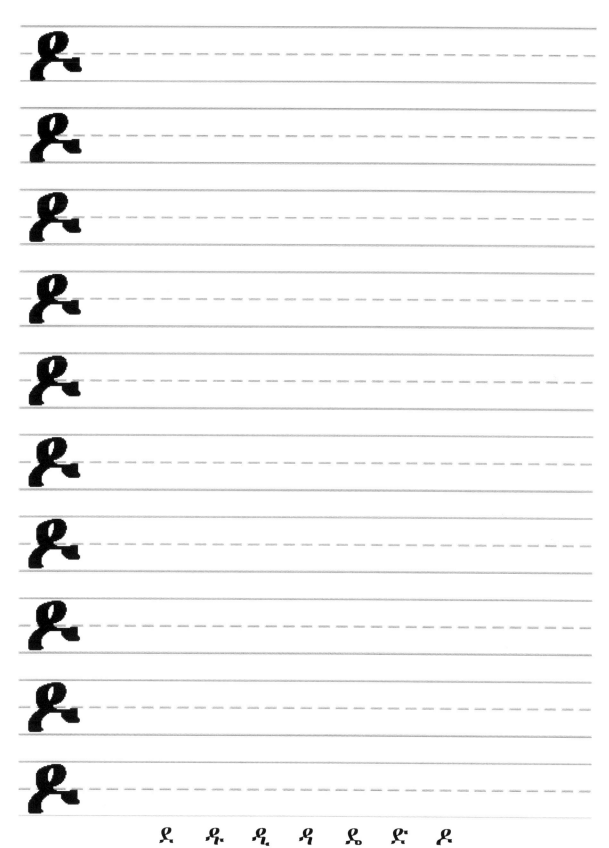

www.LOJSociety.Org - Practice Workbook

www.LOJSociety.Org - Practice Workbook

www.LOJSociety.Org - Practice Workbook

www.LOJSociety.Org - Practice Workbook

www.LOJSociety.Org - Practice Workbook

www.LOJSociety.Org - Practice Workbook

www.LOJSociety.Org - Practice Workbook

ገ

ገ

ገ

ገ

ገ

ገ

ገ

ገ

ገ

ገ

ገ ጉ ጊ ጋ ጌ ግ ጎ

www.LOJSociety.Org - Practice Workbook

ጉ

ጉ

ጉ

ጉ

ጉ

ጉ

ጉ

ጉ

ጉ

ጉ

ገ ጉ ጊ ጋ ጌ ግ ጎ

ጊ

ጊ

ጊ

ጊ

ጊ

ጊ

ጊ

ጊ

ጊ

ጊ

ገ ጉ ጊ ጋ ጌ ግ ጎ

ጋ

ጋ

ጋ

ጋ

ጋ

ጋ

ጋ

ጋ

ጋ

ጋ

ገ ጉ ጊ ጋ ጌ ግ ጎ

www.LOJSociety.Org - Practice Workbook

ጌ

ጌ

ጌ

ጌ

ጌ

ጌ

ጌ

ጌ

ጌ

ጌ

ገ ጉ ጊ ጋ ጌ ግ ጎ

www.LOJSociety.Org - Practice Workbook

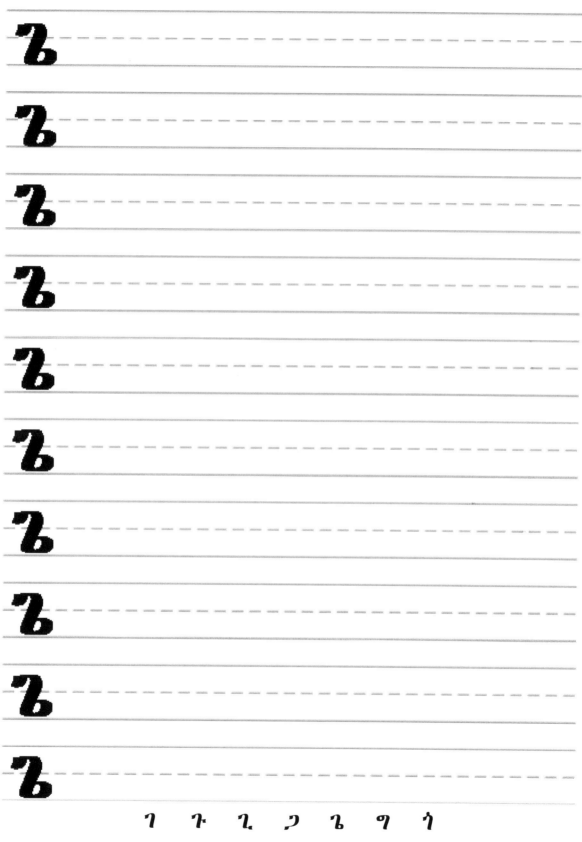

ግ

ግ

ግ

ግ

ግ

ግ

ግ

ግ

ግ

ግ

ገ ጉ ጊ ጋ ጌ ግ ጎ

ጐ

ጐ

ጐ

ጐ

ጐ

ጐ

ጐ

ጐ

ጐ

ጐ

ገ ጉ ጊ ጋ ጌ ግ ጎ

ጠ

ጠ

ጠ

ጠ

ጠ

ጠ

ጠ

ጠ

ጠ

ጠ

ጠ ጡ ጢ ጣ ጤ ጥ ጦ

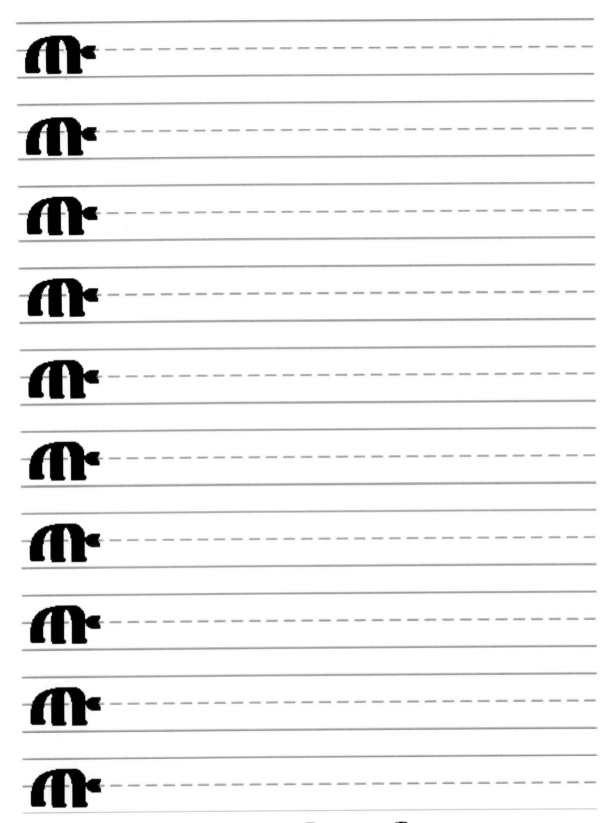

ጡ

ጡ

ጡ

ጡ

ጡ

ጡ

ጡ

ጡ

ጡ

ጡ

ጠ ጡ ጢ ጣ ጤ ጥ ጦ

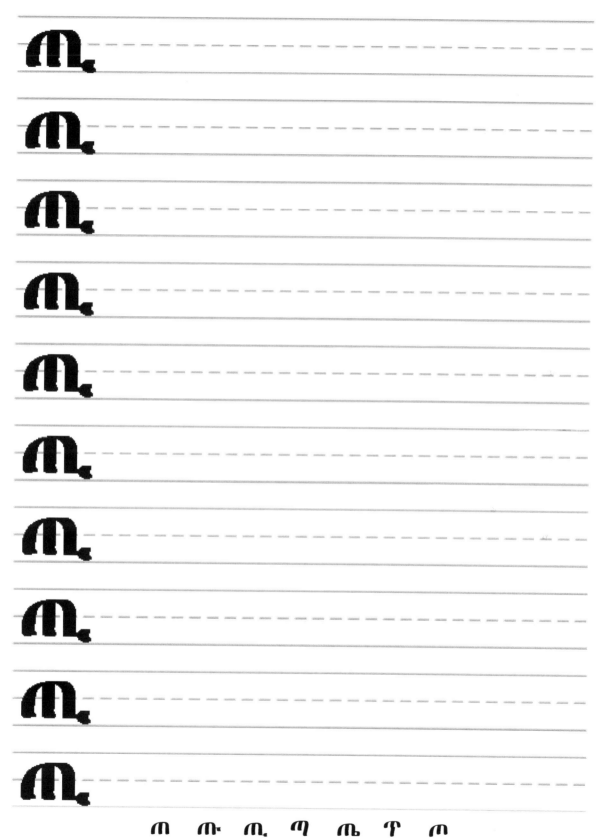

ጢ

ጢ

ጢ

ጢ

ጢ

ጢ

ጢ

ጢ

ጢ

ጢ

ጠ ጡ ጢ ጣ ጤ ጥ ጦ

ጣ

ጣ

ጣ

ጣ

ጣ

ጣ

ጣ

ጣ

ጣ

ጣ

ጠ ጡ ጢ ጣ ጤ ጥ ጦ

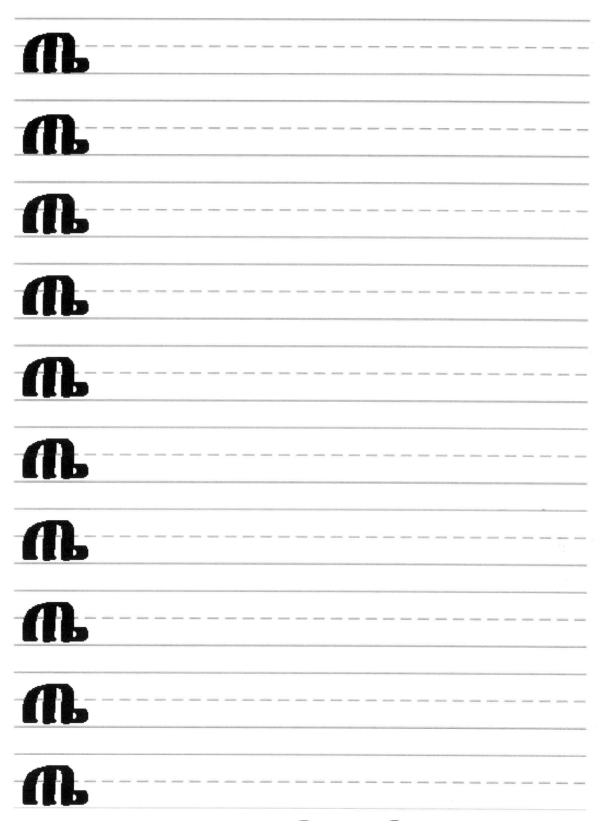

ጤ

ጤ

ጤ

ጤ

ጤ

ጤ

ጤ

ጤ

ጤ

ጤ

ጠ ጡ ጢ ጣ ጤ ጥ ጦ

ጥ

ጥ

ጥ

ጥ

ጥ

ጥ

ጥ

ጥ

ጥ

ጥ

ጠ ጡ ጢ ጣ ጤ ጥ ጦ

www.LOJSociety.Org - Practice Workbook

ጠ

ጠ

ጠ

ጠ

ጠ

ጠ

ጠ

ጠ

ጠ

ጠ

ጠ ጡ ጢ ጣ ጤ ጥ ጦ

www.LOJSociety.Org - Practice Workbook

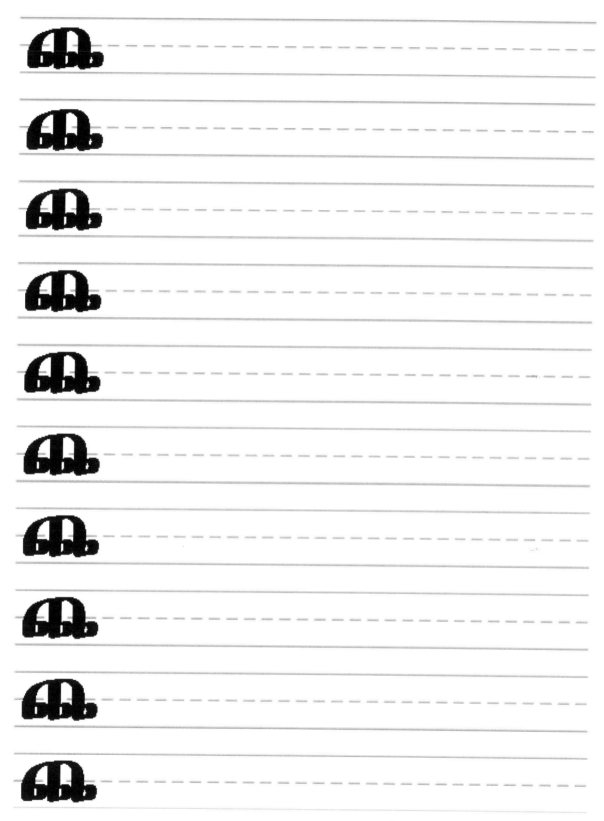

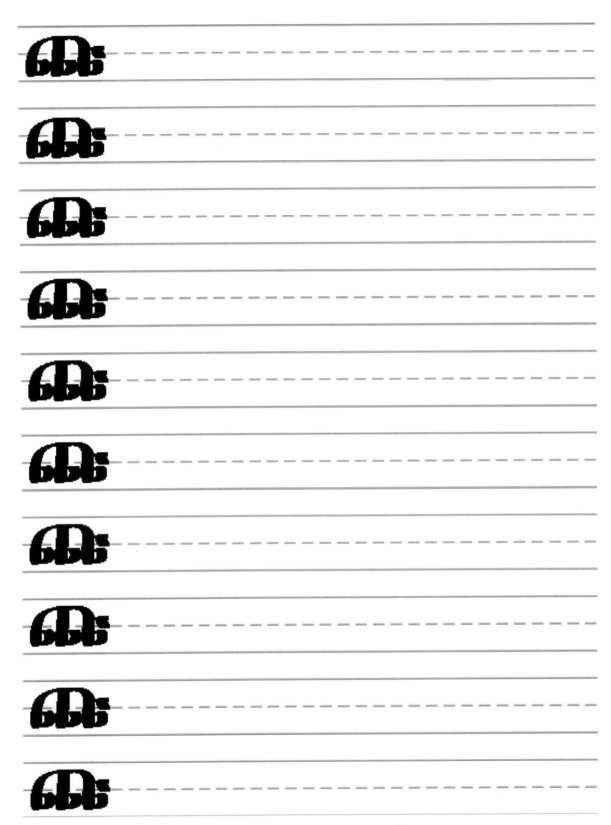

ጬ

ጬ

ጬ

ጬ

ጬ

ጬ

ጬ

ጬ

ጬ

ጬ

ጨ ጩ ጪ ጫ ጬ ጭ ጮ

www.LOJSociety.Org - Practice Workbook

ጪ

ጪ

ጪ

ጪ

ጪ

ጪ

ጪ

ጪ

ጪ

ጪ

ጨ ጩ ጪ ጫ ጬ ጭ ጮ

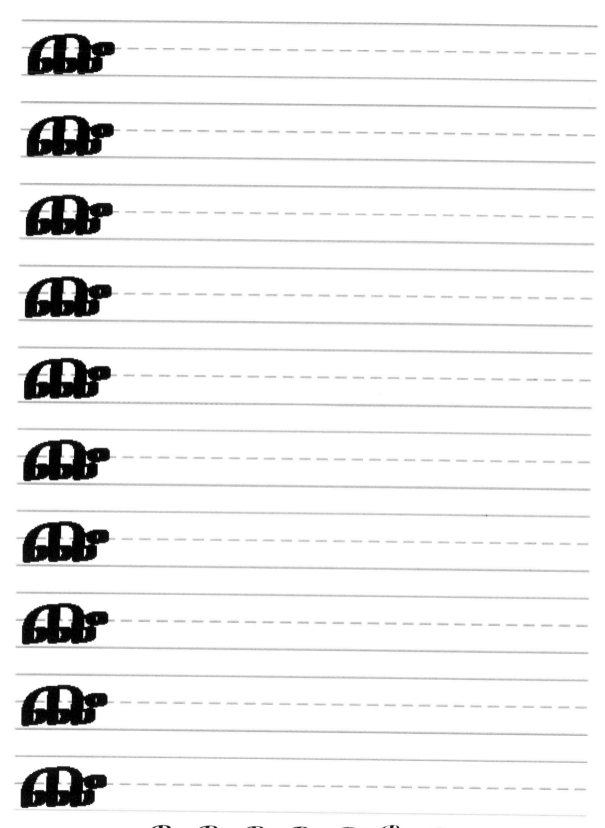

ጬ

ጬ

ጬ

ጬ

ጬ

ጬ

ጬ

ጬ

ጬ

ጬ

ጨ ጩ ጪ ጫ ጬ ጭ ጮ

www.LOJSociety.Org - Practice Workbook

ጭ

ጭ

ጭ

ጭ

ጭ

ጭ

ጭ

ጭ

ጭ

ጭ

ጨ ጩ ጪ ጫ ጬ ጭ ጮ

www.LOJSociety.Org - Practice Workbook

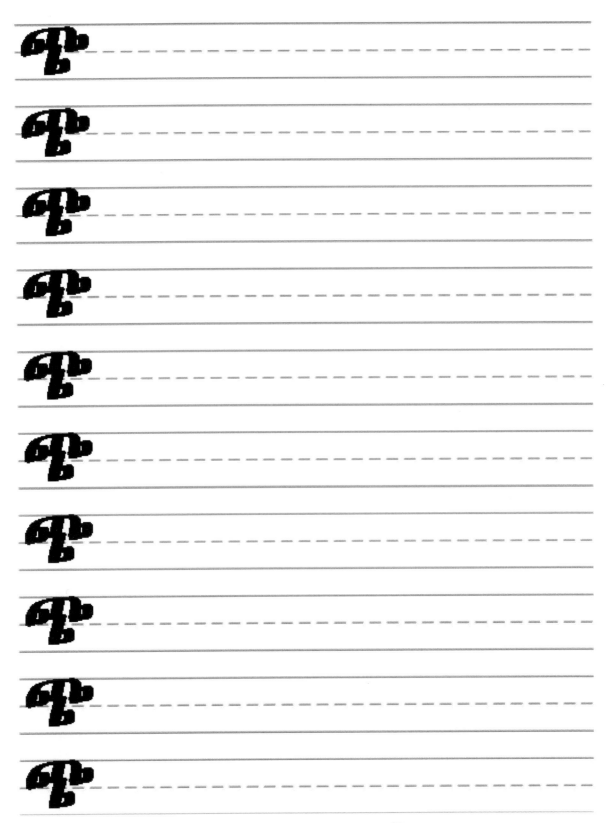

www.LOJSociety.Org - Practice Workbook

ጸ

ጸ

ጸ

ጸ

ጸ

ጸ

ጸ

ጸ

ጸ

ጸ

ጸ ጹ ጺ ጻ ጼ ጽ ጾ

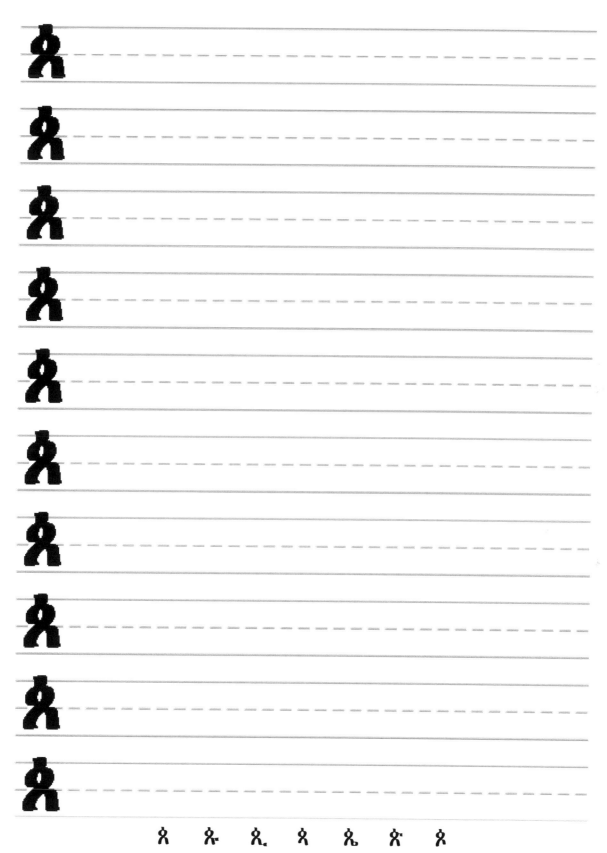

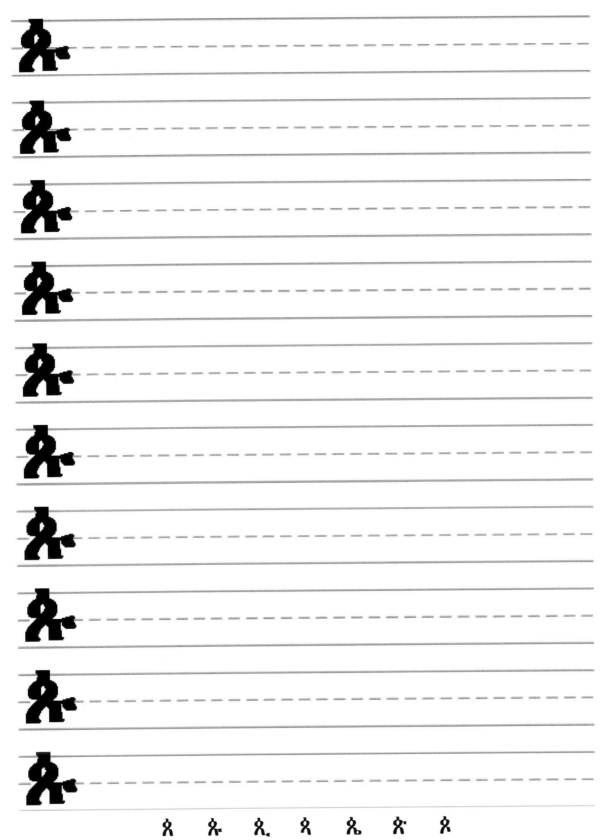

ጱ

ጱ

ጱ

ጱ

ጱ

ጱ

ጱ

ጱ

ጱ

ጱ

ጰ ጱ ጲ ጳ ጴ ጵ ጶ

www.LOJSociety.Org - Practice Workbook

ጺ

ጺ

ጺ

ጺ

ጺ

ጺ

ጺ

ጺ

ጺ

ጺ

ጸ ጹ ጺ ጻ ጼ ጽ ጾ

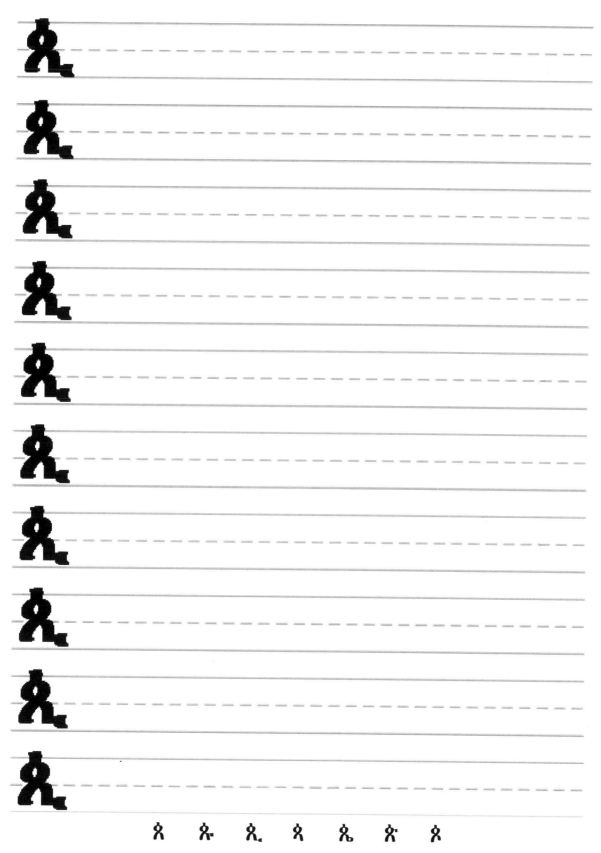

ጳ

ጳ

ጳ

ጳ

ጳ

ጳ

ጳ

ጳ

ጳ

ጳ

ጰ ጱ ጲ ጳ ጴ ጵ ጶ

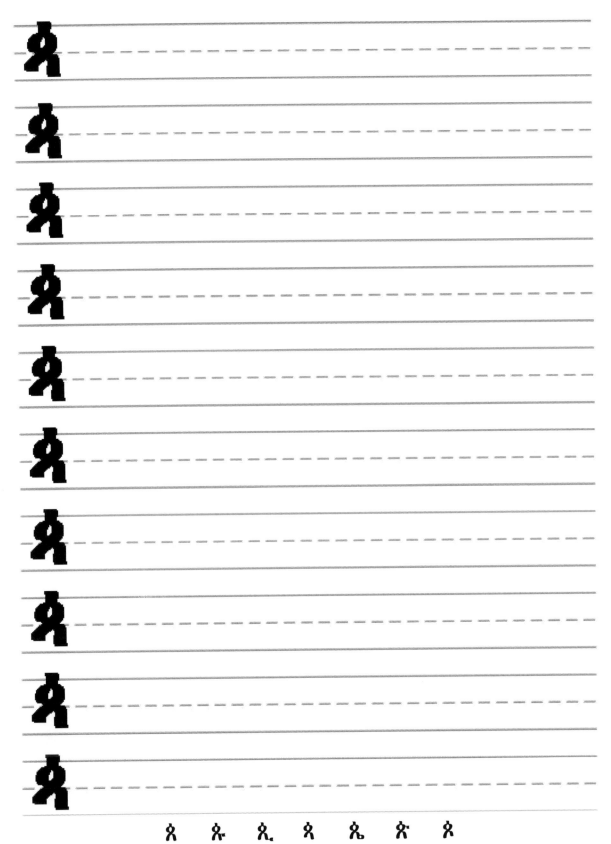

ጴ

ጴ

ጴ

ጴ

ጴ

ጴ

ጴ

ጴ

ጴ

ጴ

ጰ ጱ ጲ ጳ ጴ ጵ ጶ

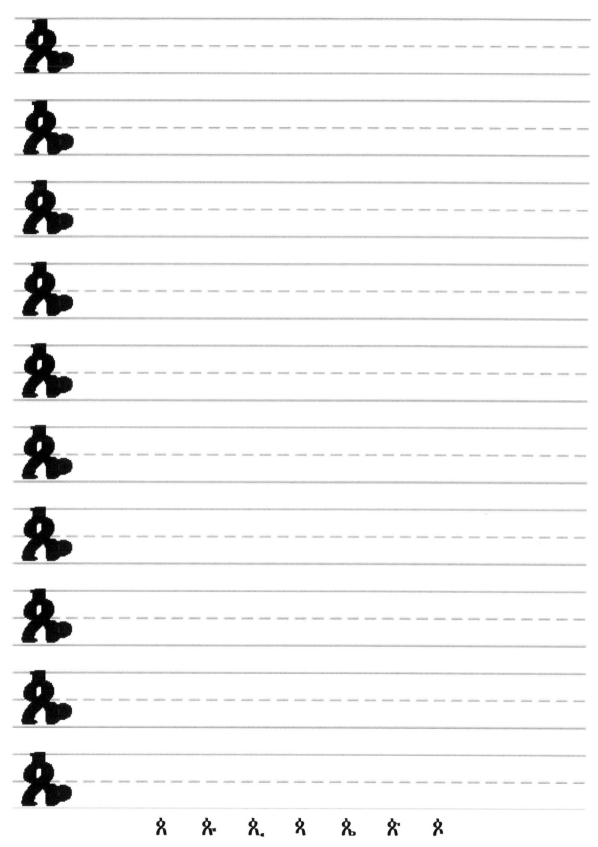

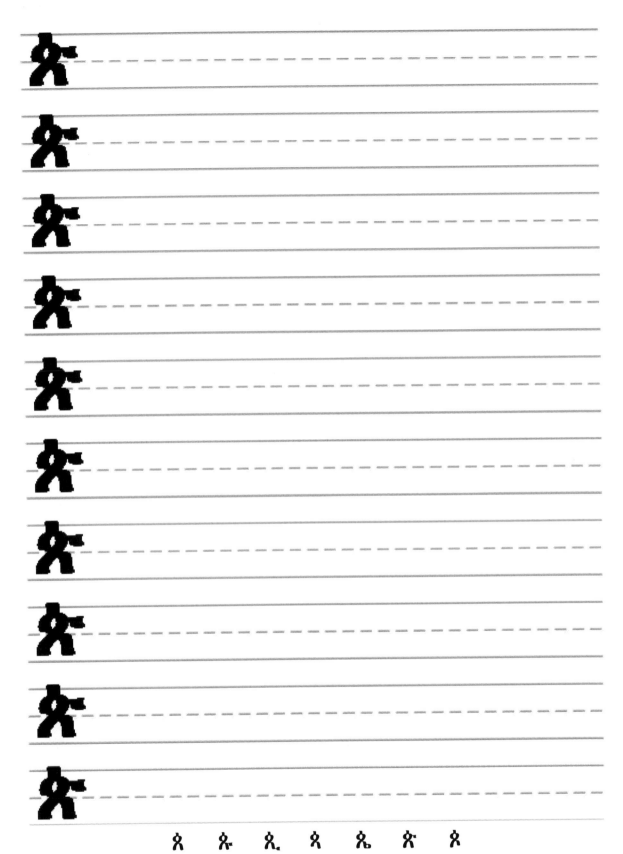

ጽ

ጽ

ጽ

ጽ

ጽ

ጽ

ጽ

ጽ

ጽ

ጽ

ጸ ጹ ጺ ጻ ጼ ጽ ጾ

www.LOJSociety.Org - Practice Workbook

ጸ

ጸ

ጸ

ጸ

ጸ

ጸ

ጸ

ጸ

ጸ

ጸ

ጸ ጹ ጺ ጻ ጼ ጽ ጾ

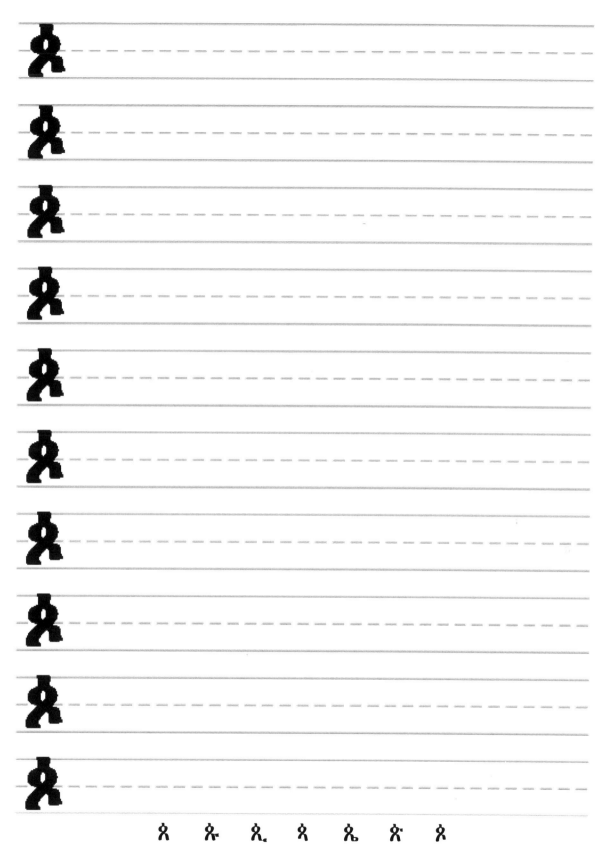

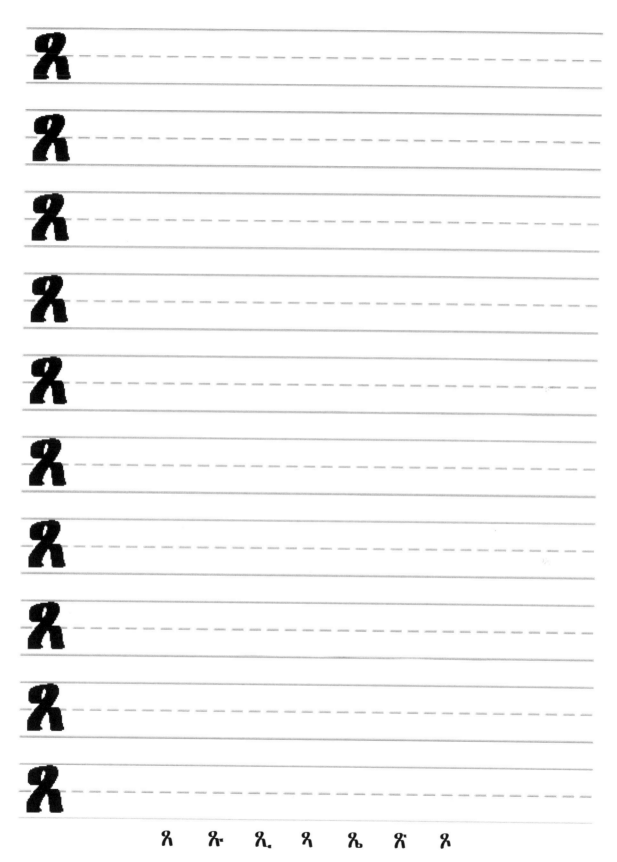

ጸ

ጸ

ጸ

ጸ

ጸ

ጸ

ጸ

ጸ

ጸ

ጸ

ጸ ጹ ጺ ጻ ጼ ጽ ጾ

ጱ

ጱ

ጱ

ጱ

ጱ

ጱ

ጱ

ጱ

ጱ

ጱ

ጰ ጱ ጲ ጳ ጴ ጵ ጶ

ጺ

ጺ

ጺ

ጺ

ጺ

ጺ

ጺ

ጺ

ጺ

ጺ

ጸ ጹ ጺ ጻ ጼ ጽ ጾ

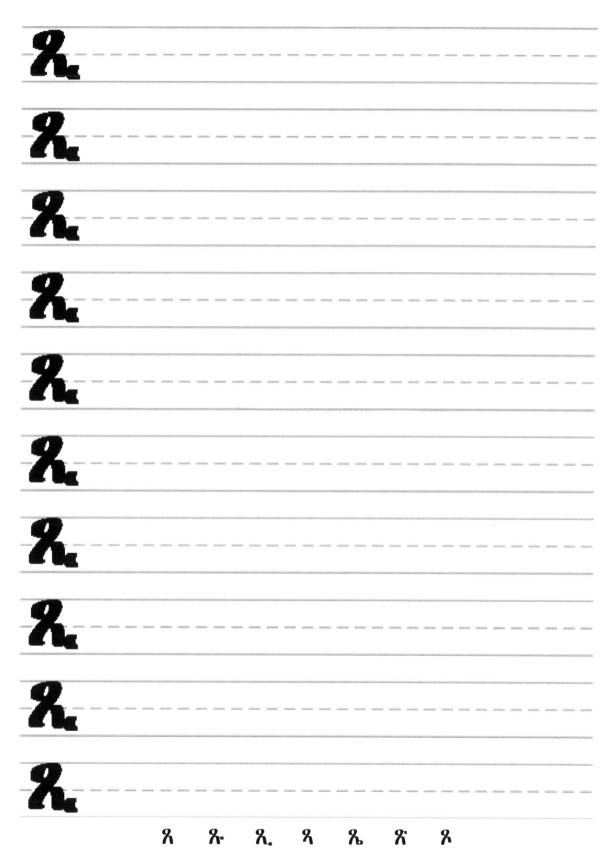

ጰ

ጰ

ጰ

ጰ

ጰ

ጰ

ጰ

ጰ

ጰ

ጰ

ጰ ጱ ጲ ጳ ጴ ጵ ጶ

www.LOJSociety.Org - Practice Workbook

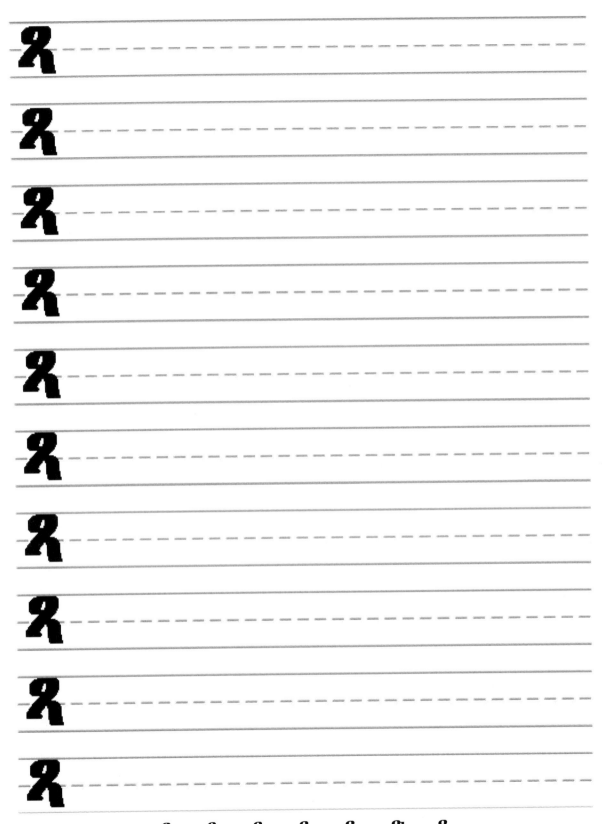

ጼ

ጼ

ጼ

ጼ

ጼ

ጼ

ጼ

ጼ

ጼ

ጼ

ጸ ጹ ጺ ጻ ጼ ጽ ጾ

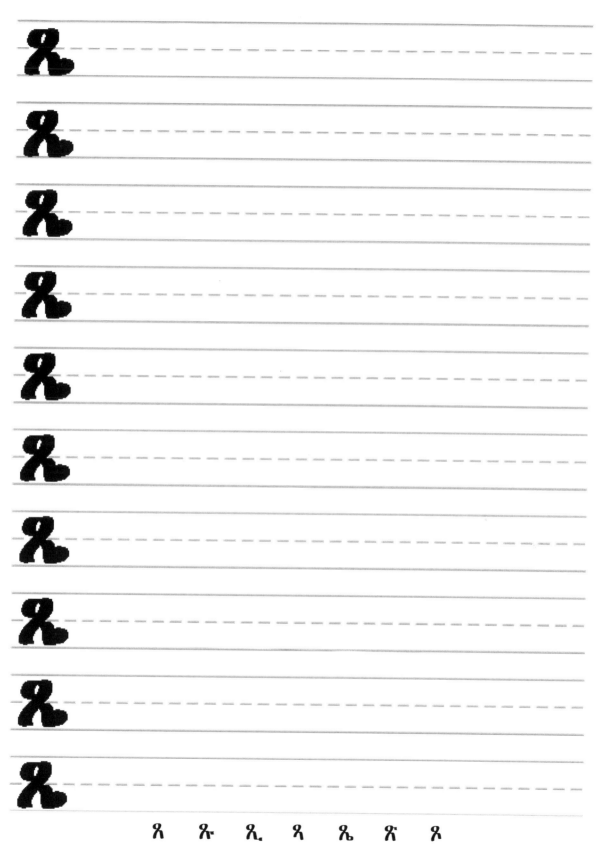

ጽ

ጽ

ጽ

ጽ

ጽ

ጽ

ጽ

ጽ

ጽ

ጽ

ጸ ጹ ጺ ጻ ጼ ጽ ጾ

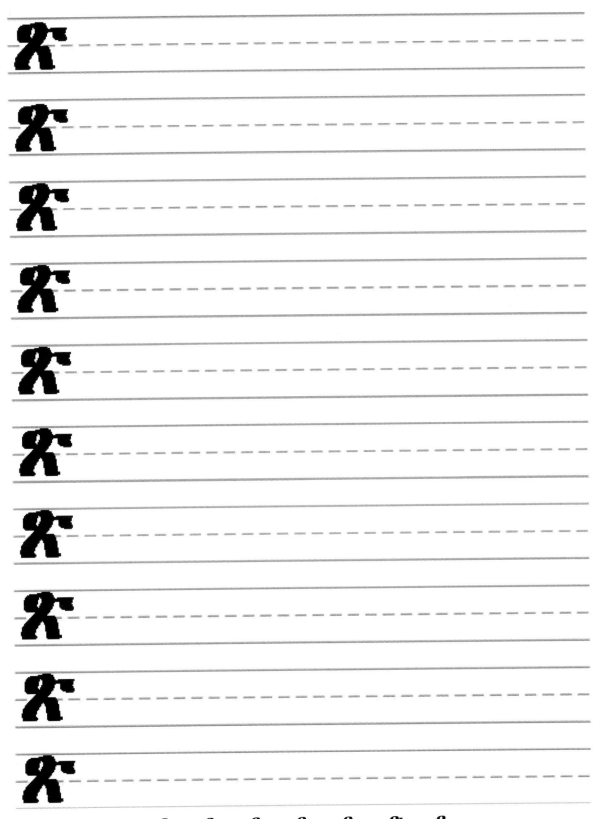

ጸ

ጸ

ጸ

ጸ

ጸ

ጸ

ጸ

ጸ

ጸ

ጸ

ጸ ጹ ጺ ጻ ጼ ጽ ጾ

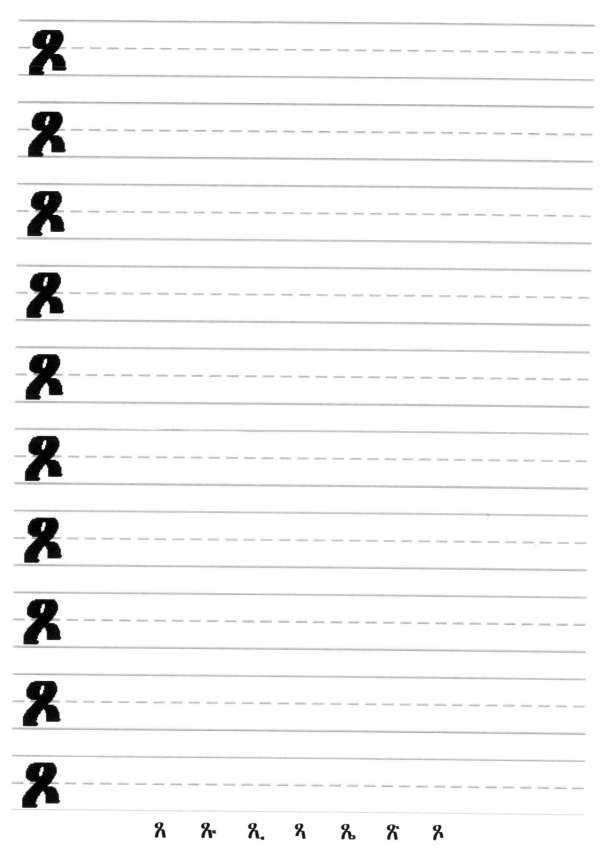

www.LOJSociety.Org - Practice Workbook

ፀ

ፀ

ፀ

ፀ

ፀ

ፀ

ፀ

ፀ

ፀ

ፀ

ፀ ፁ ፂ ፃ ፄ ፅ ፆ

ፁ

ፁ

ፁ

ፁ

ፁ

ፁ

ፁ

ፁ

ፁ

ፁ

ፀ ፁ ፂ ፃ ፄ ፅ ፆ

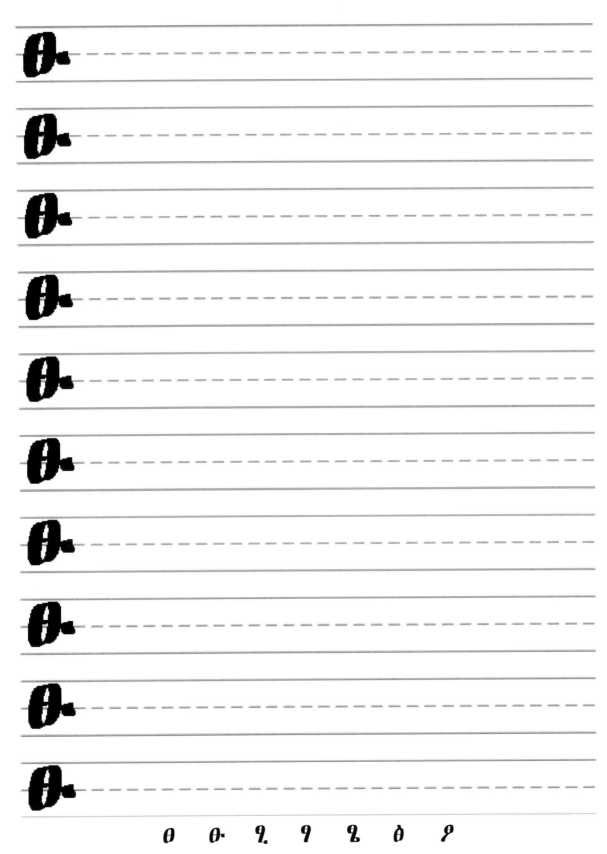

ዓ

ዓ

ዓ

ዓ

ዓ

ዓ

ዓ

ዓ

ዓ

ዓ

ዐ ዑ ዒ ዓ ዔ ዕ ዖ

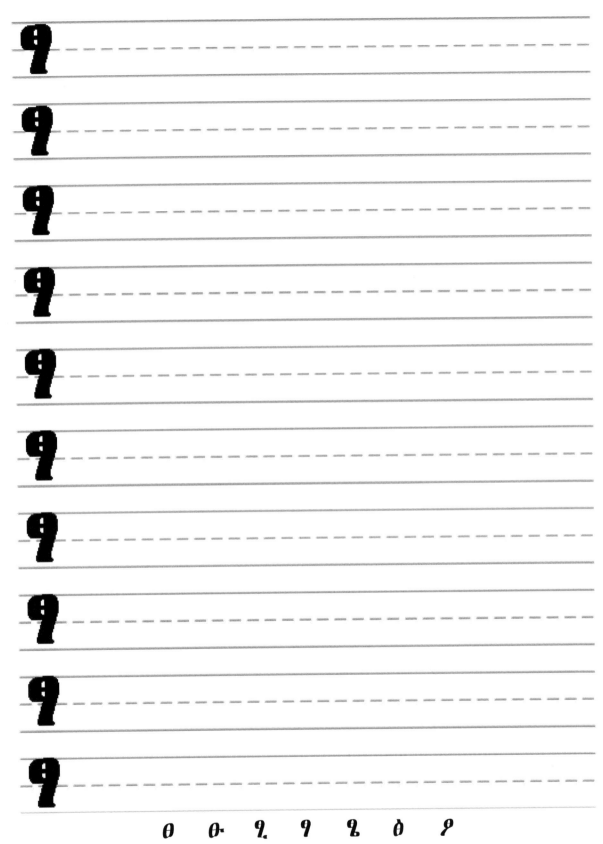

ዔ

ዔ

ዔ

ዔ

ዔ

ዔ

ዔ

ዔ

ዔ

ዔ

ዐ ዑ ዒ ዓ ዔ ዕ ዖ

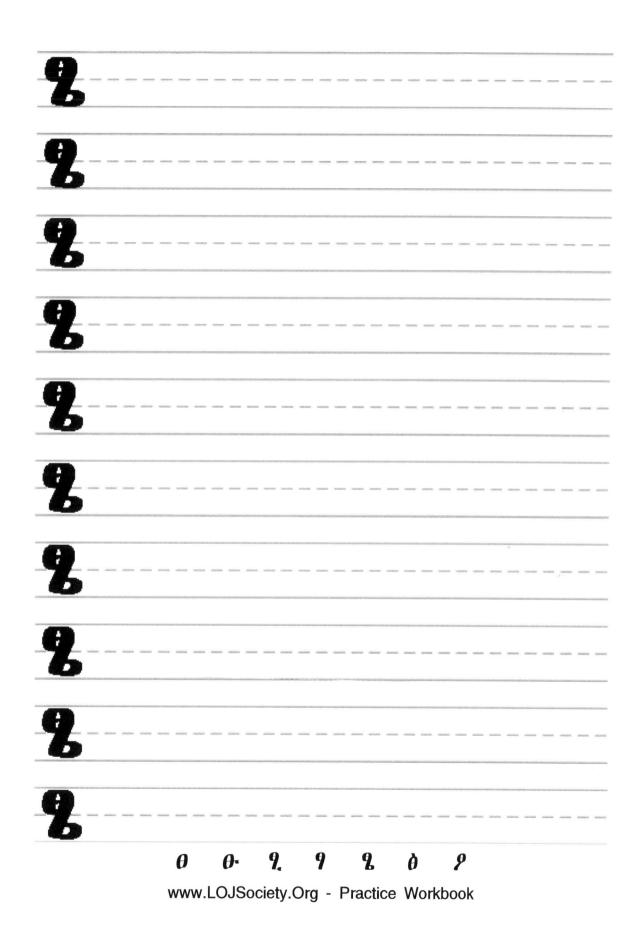

ፅ

ፅ

ፅ

ፅ

ፅ

ፅ

ፅ

ፅ

ፅ

ፅ

ፀ ፁ ፂ ፃ ፄ ፅ ፆ

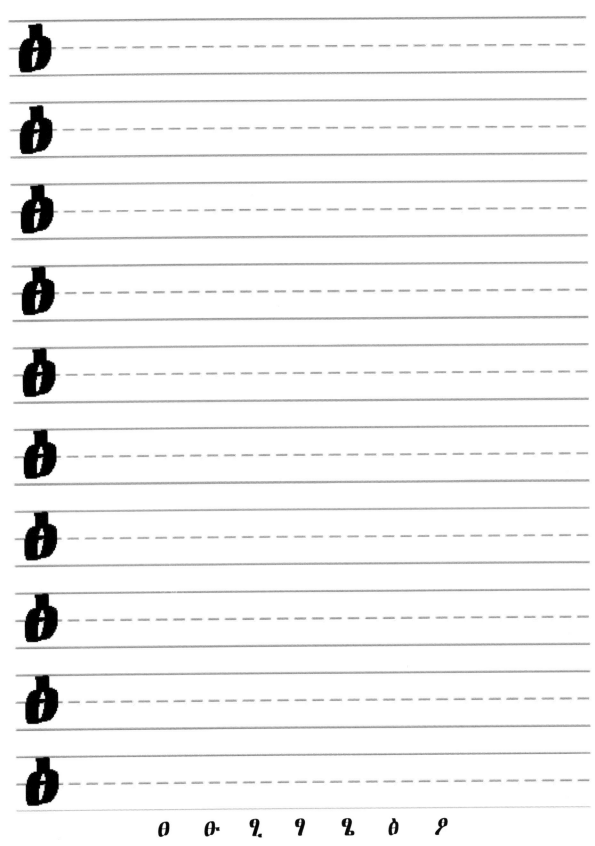

ፆ

ፆ

ፆ

ፆ

ፆ

ፆ

ፆ

ፆ

ፆ

ፆ

ፀ ፁ ፂ ፃ ፄ ፅ ፆ

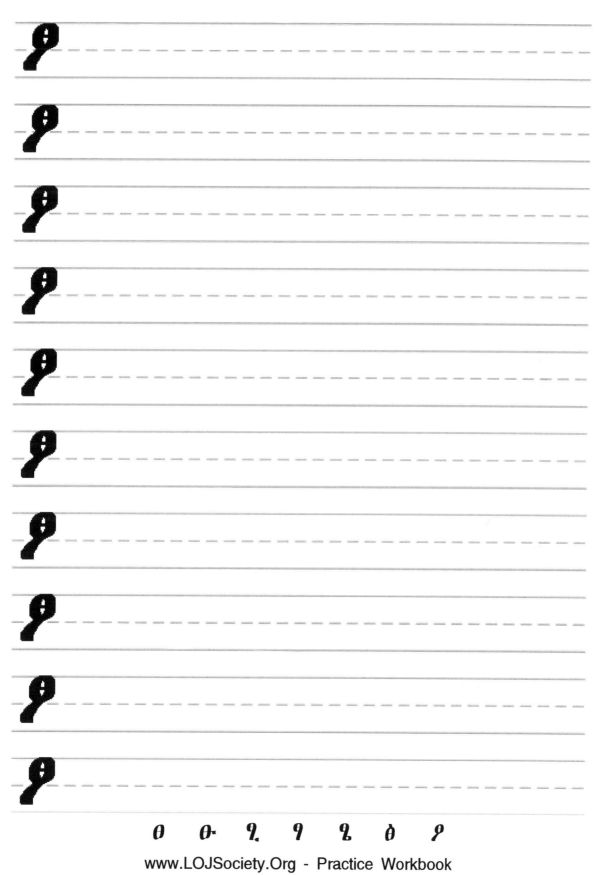

ፉ

ፉ

ፉ

ፉ

ፉ

ፉ

ፉ

ፉ

ፉ

ፉ

ፉ

ፈ ፉ ፊ ፋ ፌ ፍ ፎ

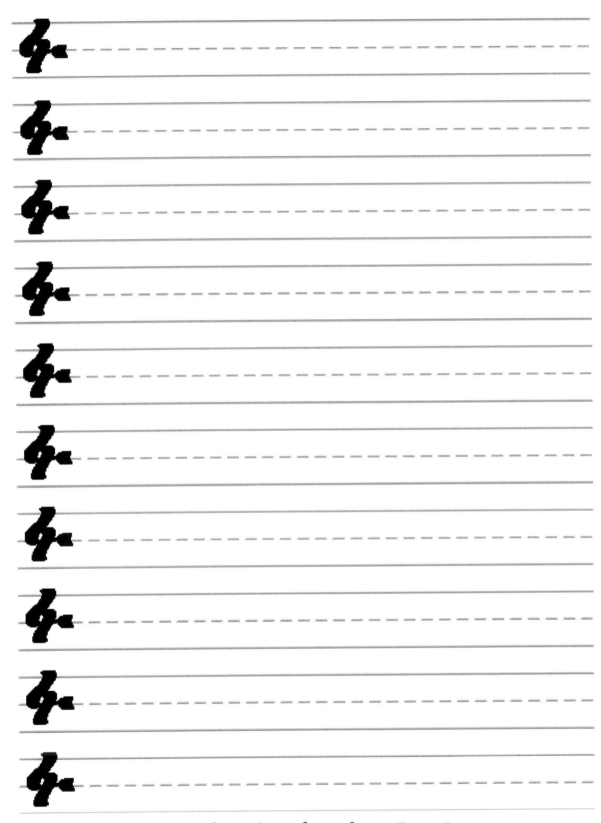

ፊ

ፊ

ፊ

ፊ

ፊ

ፊ

ፊ

ፊ

ፊ

ፊ

ፈ ፉ ፊ ፋ ፌ ፍ ፎ

ፋ

ፋ

ፋ

ፋ

ፋ

ፋ

ፋ

ፋ

ፋ

ፋ

ፈ ፉ ፊ ፋ ፌ ፍ ፎ

ፎ

ፎ

ፎ

ፎ

ፎ

ፎ

ፎ

ፎ

ፎ

ፎ

ፉ ፊ ፋ ፌ ፎ ፍ ፏ

ፍ

ፍ

ፍ

ፍ

ፍ

ፍ

ፍ

ፍ

ፍ

ፍ

ፈ ፉ ፊ ፋ ፌ ፍ ፎ

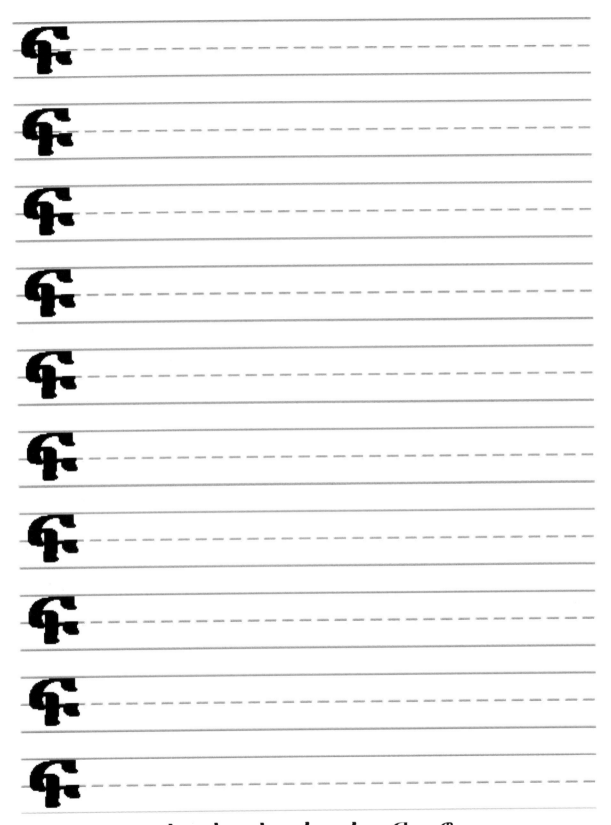

ፎ

ፎ

ፎ

ፎ

ፎ

ፎ

ፎ

ፎ

ፎ

ፎ

ፈ ፉ ፊ ፋ ፌ ፍ ፎ

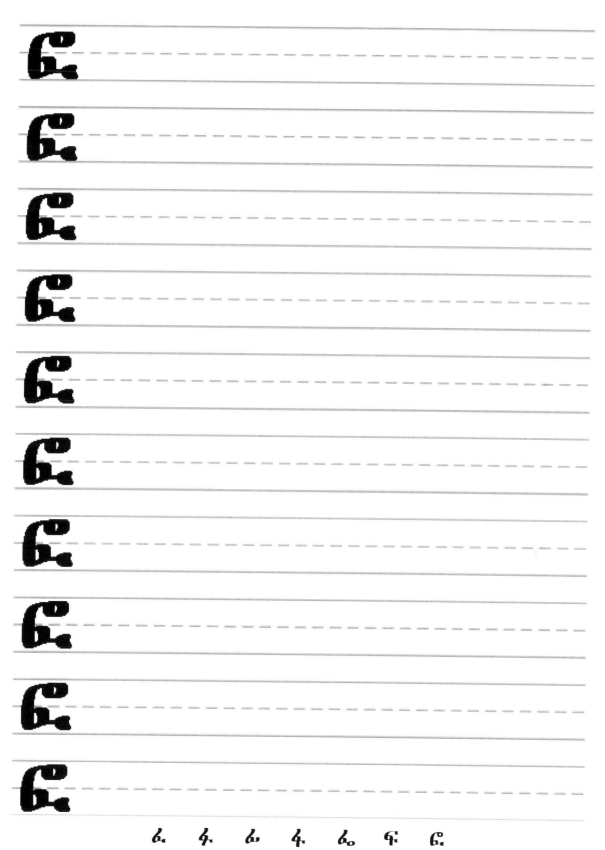

ፐ

ፐ

ፐ

ፐ

ፐ

ፐ

ፐ

ፐ

ፐ

ፐ

ፐ ፑ ፒ ፓ ፔ ፕ ፖ

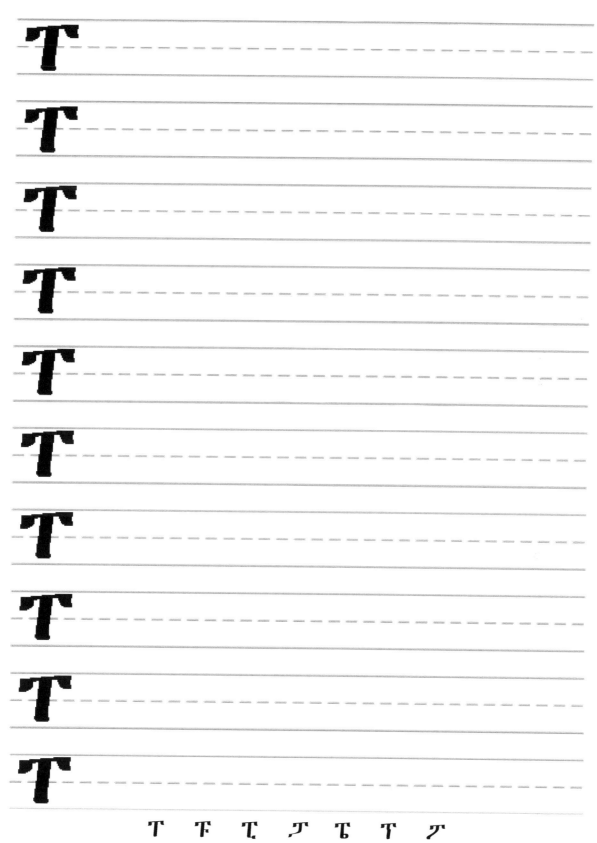

ፑ

ፑ

ፑ

ፑ

ፑ

ፑ

ፑ

ፑ

ፑ

ፑ

ፐ ፑ ፒ ፓ ፔ ፕ ፖ

www.LOJSociety.Org - Practice Workbook

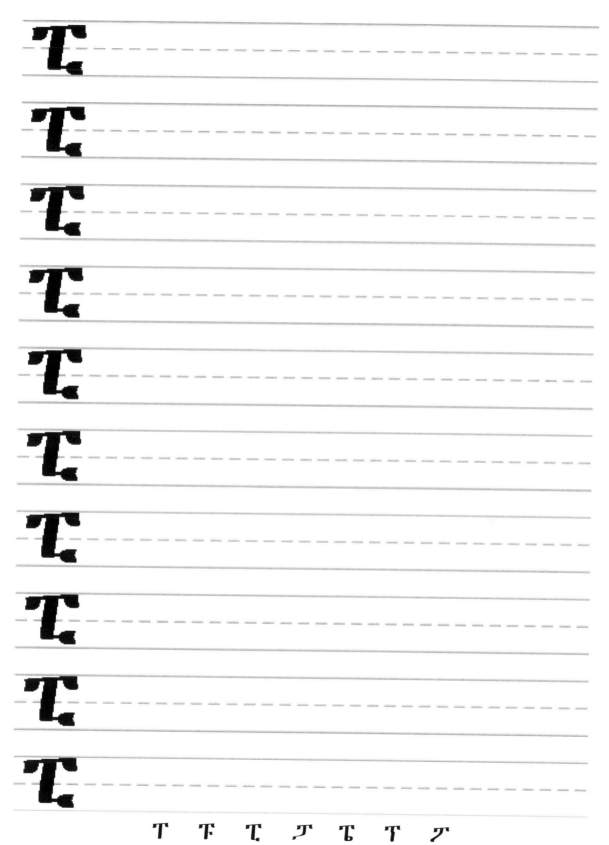

ፒ

ፒ

ፒ

ፒ

ፒ

ፒ

ፒ

ፒ

ፒ

ፒ

ፐ ፑ ፒ ፓ ፔ ፕ ፖ

www.LOJSociety.Org - Practice Workbook

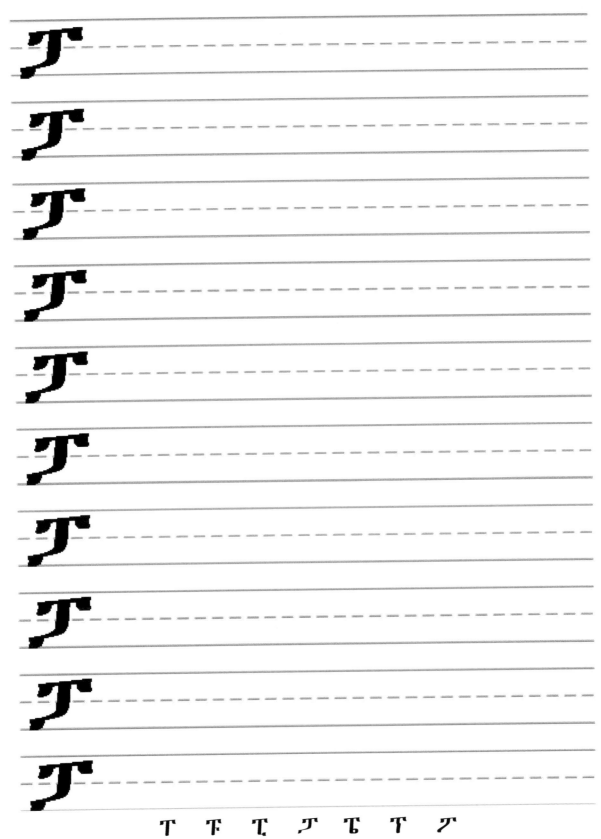

ፓ

ፓ

ፓ

ፓ

ፓ

ፓ

ፓ

ፓ

ፓ

ፓ

ፐ ፑ ፒ ፓ ፔ ፕ ፖ

www.LOJSociety.Org - Practice Workbook

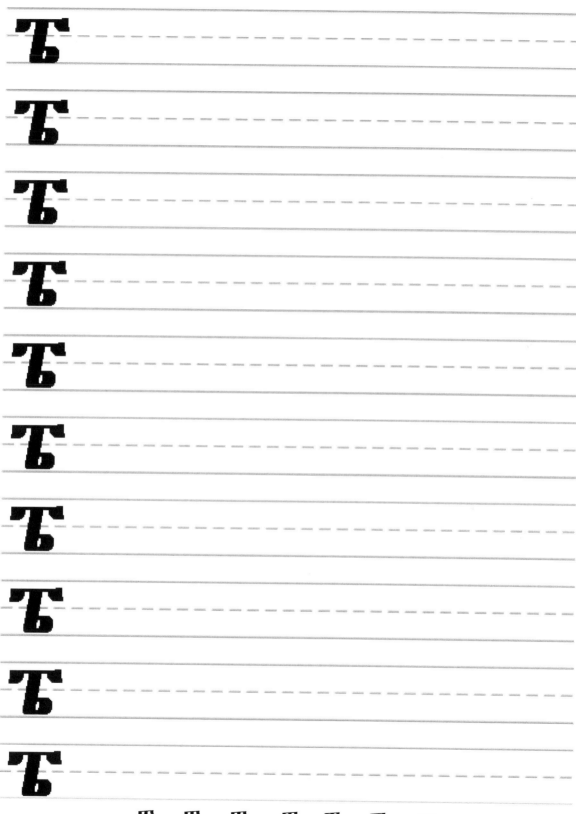

ፔ

ፔ

ፔ

ፔ

ፔ

ፔ

ፔ

ፔ

ፔ

ፔ

ፐ ፑ ፒ ፓ ፔ ፕ ፖ

www.LOJSociety.Org - Practice Workbook

ፕ

ፕ

ፕ

ፕ

ፕ

ፕ

ፕ

ፕ

ፕ

ፕ

ፐ ፑ ፒ ፓ ፔ ፕ ፖ

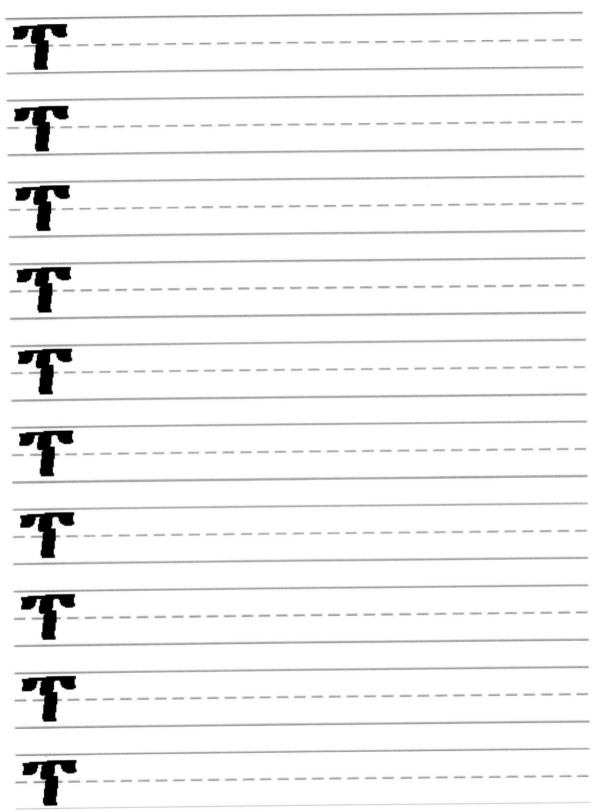

ፖ

ፖ

ፖ

ፖ

ፖ

ፖ

ፖ

ፖ

ፖ

ፖ

ፐ ፑ ፒ ፓ ፔ ፕ ፖ

www.LOJSociety.Org - Practice Workbook

www.LOJSociety.Org - Practice Workbook

38943531R00154

Made in the USA
Lexington, KY
30 January 2015